KB168814

망하는 방법

망하는 방법

1판 1쇄 펴낸날 2022년 12월 26일

지은이 벨리움(윤현아)
펴낸이 나성원
펴낸곳 나비의활주로

책임편집 김정웅
디자인 BIG WAVE

주소 서울시 성북구 아리랑로19길 86, 203-505
전화 070-7643-7272
팩스 02-6499-0595
전자우편 butterflyrun@naver.com
출판등록 제2010-000138호
상표등록 제40-1362154호
ISBN 979-11-90865-83-8 03320

망하는 방법

| 벨리움 (윤현아) 지음 |

나비의 활주로

'망하는 방법'이라고 해서 이 책을 펼치셨지요? 이게 바로 사람의 행동을 이끌어내는 마케팅의 첫 번째 키워드입니다. 아무리 좋은 상품이 있다고 한들 사람의 마음을 움직여 행동으로까지 이끌어내지 못한다면, 그 상품은 세상에 알려지기 힘듭니다.

마케팅의 첫 번째는 '보게 만들어라'입니다. 책 제목으로 보게 만들었지만 사실 '망하는 방법'이라고 해서 진짜 망하는 방법을 알려고 책을 펼치진 않으셨겠지요? 맞습니다. 이 책 안에서는 "망하고 싶어도 망할 수 없는 방법"에 대해 풀어보려고 합니다.

저는 4살짜리 딸아이가 있는 워킹맘 아니 경력단절 육아맘이었습니다. 결혼 직후 남편의 사업 부도와 엎친 데 덮친 격으로 임신까지 되어 버려 일을 할 수도 없는 상황이었습니다. 축복이 찾아왔으나 오로지 기쁘기만은 할 수 없었던 순간이었습니다. 전 심지어 특별나게 남들보다 잘하는 것도 없는 평범한 젊은 아줌마였습니다.

제가 사업을 시작하게 된 것은 "돈"에 대한 결핍이 출발점이었습니다. 대부분의 사람들이 비슷한 생각을 가지고 살아갈 것입니다. 바로 '돈을 많이 벌고 싶다.'라는 것입니다. 그래서 직장생활을 그만두고 사업에 뛰어들기도 하고, 저처럼 결혼을 하고 아이를 낳고 키운 후 다시 일을 하려고 보니 경력단절이라는 벽에 막혀 사업을 시작하는 경우도 있을 것입니다. 여러

가지 이유가 있겠지만 단 한 가지, 확실한 것은 물질적인 풍요로움을 누리고 싶은 마음은 모두 똑같다는 것입니다.

그리고 그러한 불확실함 속에 저는 창업을 결심하고 앞만 보고 뛰어들었습니다. 사실 무서웠습니다. 하지만 그때의 저는 저 스스로를 믿는 수밖에는 없었습니다. 그렇게 이리 치이고 저리 치이고 헤매다 멘토를 만났습니다. 사람은 누구나 인생에 터닝포인트가 있습니다. 누군가로 인해 또는 어떤 선택에 의해 인생이 달라지는 경험을 하게 됩니다. 저는 한 사람으로 인해 제 인생이 바뀌었다고 해도 과언이 아닙니다. 그렇기 때문에 이 책을 펼친 많은 분들 중 단 한 분이라도 인생이 바뀐다면 제 목표는 달성한 것입니다. 1인 여성 사업가의 한계를 깨부수고 나와 탈여성이 되어가는 과정을 이 책 안에 오롯이 담았습니다. 부디 사업을 하고 계신 분들 또는 사업을 할 예정이신 분들께서 이 책을 통해 시행착오를 겪지 않고 성공의 지름길로 가시기를 바랍니다.

언제나 묵묵히 옆에서 응원과 지지를 아낌없이 주는 가족과 저를 믿고 함께하는 업계 경영주분들, 이 책이 세상에 나오기까지 도움을 주시고 제 인생이 바뀌게 해주신 대체 불가 멘토 장윤성 대표님, 저라는 사람의 가능성을 아주 크고 높게 봐주시고 이끌어주시는 최고의 마케터 김동규 대표님, 마지막으로 막연히 '책을 쓰고 싶다'에서 진짜 쓸 수 있게 만들어주신 책 코칭의 숨은 고수 서안 작가님께도 감사의 말씀을 전하고 싶습니다.

지금부터 경력단절 육아맘에서 창업 3년 차, 단돈 10만 원에서 연 매출 10억까지 달성할 수 있었던 모든 스토리와 노하우를 풀어드리겠습니다.

망하고 싶어도 망할 수 없는 망하는 방법, 시작합니다.

추 천 사

장윤성 ㈜장피셜 파메스테틱 CEO

사람이 가진 '고통의 크기'를 얼마나 '당당하게 감지'하느냐? 이것이 여태껏 인류가 수많은 고통을 편리로 바꾸어 오지 않았나 생각합니다. 각 생명체가 가진 고유의 적극성이 결국 그가 처한 환경에 물리를 가해 어떻게든 무언가를 가져옵니다. 여기서 말하는 변화는 반드시 성공의 기준은 아닙니다. 뭐가 되었든 결국 변화한다는 것입니다. 대부분의 사람들이 고통을 감지는 하면서 살긴 합니다. 그러나 그 고통을 당당히 인정하기엔 너무 두려운 나머지 흐릿한 눈을 뜨고 뿌옇고 모순된 세상을 살아갑니다. 잔혹한 현실보다는 예뻐 보이는 이상의 모델을 채택하여 사는 것입니다.

제가 보아왔던 윤현아 대표는 앞으로 다가올 고통의 복리를 그 누구보다 당당하게 맞서 감지하였으며 적극적으로 그 고통을 편리로 바꾸기 위해 물리를 가해 왔습니다. 그 결과 2년도 안 넘기고 대한민국 상위 1% 대열의 소득자가 된 것이 바로 그 증거입니다. (20년도 기준 상위 1% 소득은 4억 3,099만, 0.1% 소득은 16억 6,203만)

기존의 인지 영역인 탁상공론, 유튜브 공론, 스마트폰 공론적인 이야기는 넘쳐납니다. 왜 넘쳐날까에 대해서 생각해 보아야 합니다. 이유는 말은 쉽기 때문이지요. 그 결과 포트폴리오 하나 없는 이들이 대학에서 강연을 하고, 각종 미디어로 금세 유명인이 됩니다.

하지만 현재의 세상은 인지 영역만이 아닌 직감, 영감, 원초적 감각, 감성 등 비(非)인지 영역의 밸런스가 훨씬 중요하다고 화두가 되고 있습니다. 이 책을 들고 있는 당신 또한 비인지 영역의 감지로 윤현아라는 개체의 포트폴리오를 택한 것일 수 있습니다.

나와 비슷한 피지컬, 나와 비슷한 정서, 나와 비슷한 세대, 그러나 대체 무엇이 다를까?

머리에 방법론이 많으면 엉덩이가 무거워집니다. 이 세상은 적극적인 생명체에게 스폰서가 붙습니다. 신이 되었든, 자연이 되었든, 사람이 되었든 간에 결국 형제들 사이에서도 적극적으로 엄마 젖을 빨았던 개체가 건강하게 큽니다.

간단히 말해 적극적인 개체가 되려면 일단 엉덩이가 가벼워야 합니다. 그러나 현대의 사람들은 성공하는 방법을 '수집'하는 마니아들입니다. '세상에 이런 일이' 같은 곳에 나와야 할 정도라고 볼 수 있습니다. 그럼 엉덩이는 언제 가벼워지나?

머리에 단 하나의 방법론만 존재할 때, 그때 비로소 엉덩이는 가벼워집니다. 주변에 온갖 방법론 유혹들이 판을 치더라도 본인은 그 하나만을 진리라고 믿게 될 때 엉덩이가 가벼워지고 적극적인 개체로 활동할 수 있습니다. 틀린 방법이어도 상관없습니다. 과거에는 틀린 걸 했을 때 식중독에 걸렸습니다. 그러나 현시대에서의 식중독이란 단어는 낯선 단어입니다. 그만큼 활동하기에 안전하고 좋은 인프라가 이 사회에는 갖추어져 있습니다. 그러한 홈그라운드에서 윤현아 대표는 단 하나의 방법론을 신앙처럼 믿고 움직이는 적극적인 개체가 되었습니다. 나를 적극적으로 귀찮게 괴

롭혔고 적극적으로 스스로 훈련했고 적극적으로 실패하고 적극적으로 목표를 달성하려 했습니다.

윤현아 대표가 본인의 삶을, 본인 운명을 원하는 대로 바꾸어 버린 것은 어찌 보면 당연한 결과 아닐까요? 이 책은 윤현아 대표가 목표를 달성함에 있어서 경험했던 정신적, 물리적인 사건들의 시행착오를 지혜롭게 풀어나갈 수 있는 매뉴얼이라 볼 수 있겠습니다. 단돈 2만 원도 안 되는 값에 날름 먹는 귀한 정보라고 볼 수 있겠습니다. 개꿀!

포리얼 인포디언스 비즈니스 연구소 대표, 『비즈니스 스테로이드』 저자

빠르게 부자 되는 법에 대한 정보가 넘쳐나는 시대이다. 늘 그렇지만, 부자가 되기를 원하는 사람은 많다. 그들 중 대다수는 '올바른 길'이 아닌, '쉬운 길'을 찾는다. 그러나 세상에 부자가 되는 '쉬운 길'이 어디 있겠는가? 세상에는 '쉬운 길'만 찾는 자들을 노리는 위험만이 존재할 뿐이다. 결국 쉽게 부자가 되고자 한다면, 그것이야말로 곧 '망하는 방법'이다.

반면 이 망하는 방법이라는 독특한 제목의 책에서는 프로사업가의 길로 나아가고 있는 저자가 직접 '올바른 길'을 제시하고 있다. 당신이 사업을 꿈꾸고 있다면, '올바른 길'을 알려주기 위해 마인드셋부터 방법론까지 모든 것을 꾹꾹 눌러 담은 이 책을 반드시 읽어보기 바란다. 이 책의 내용을 당신의 삶에 적용하는 순간, 망하고 싶어도 망할 수 없는 자신을 경험하게 될 것이다.

안규호 세일즈랩 CEO, 26만 유튜버 안대장TV 대표, 『THE BOSS』 저자

사업을 하는 사람들과 사업을 꿈꾸는 사람들이 이 책을 꼭 읽기를 바란

다. 너무나도 편안하게 핵심 포인트만을 꼭꼭 접어서 독자들에게 많은 메시지를 주고 있다. 사업에 관한 엑기스만 뽑아놓은 이 책을 꼭 필독하길 바란다.

고윤 페이서스코리아 대표, 『아무것도 하지 않으면 아무것도 달라지지 않는다』 저자

체득형 실천 성공의 원리를 연구하는 사람으로서 항상 중요하게 생각하는 것이 '성공을 이루는 본바탕'의 중요성입니다. 기본이 준비되지 않은 채 외적인 것에만 집착하는 사람들이 너무 많아지는 시대죠. 그렇기에 이 책의 내용을 차분히 곱씹어 볼 필요가 있습니다. 어려운 시간을 보낸 한 사람이 성공을 만들어가는 여정을 세심하게 잘 설명하고 솔직한 목소리로 삶의 순간을 담아내었습니다. 무엇보다 온라인 비즈니스의 성공을 위한 툴 (Tool)과 마인드셋이 함께 담겨있습니다. 새로운 시작을 하는 사람에게 용기를 주고, 포기하고 싶은 사람을 다시 일으키는 좋은 책이 되리라 생각합니다.

띡딱 세상에서 가장 특별한 마케터

지금보다 많은 수익을 원한다면 꼭 읽어야 할 책.

다양한 종류의 책을 많이 읽는 것보다

'특별한 책 한 권' 읽는 게 더 중요하다는 걸 증명하는 책.

읽어라, 그럼 행동하게 될 것이다!

CONTENTS

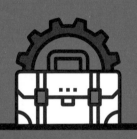

01

창업 성패를 가르는
창업의 3원칙

흐릿한 목표 vs
정확한 목표

'CEO, 대표'라는 직함을 들어보고 싶은 로망이 있을 것이다. 자기 사업을 영위하면서 시간과 돈에서 자유로워지는 삶을 꿈꿀 것이다. 그래서 사람들은 직장생활을 하면서도, 전업주부로 지내면서도 자기 사업을 꿈꾼다.

"○○ 사업을 해서 대박이 났대."
"쉽게 돈 벌 수 있는 사업이래."

다른 사람의 사업 성공 사례를 듣고 있으면 본인도 금세 부의 추월차선에 올라탈 수 있을 거라는 착각을 하곤 한다. 그런데 쉽게 돈을 벌 수 있는 사업은 자세히 따져봐야 한다. 비즈니스 운영에는 법적으로 문제가 없는지, 수익구조는 합법적인지, 지속할 수 있는 사업인지, 초기 투자금이 많아 위험성은 없는지 말이다.

소위 '카더라' 통신에 현혹되어 쉽게 창업을 해서는 안 된다. 누군가에게 의지하는 순간, 사업은 이미 기울어진 운동장이다. 스스로 철저히 공부하면서 준비해야 한다. 사업의 핵심기술을 본인이 가지고 있어야 한다. 누군가 쉽게 흉내 낼 수 있는 사업은 쉽게 무너질 위험이 크다는 것도 명심해야 한다. 아무것도 배우고 싶지 않고, 누군가 다 해주기를 바란다면 그냥 '소비자'로 남는 것이 현명하다.

직장생활을 하던 사람들이 회사를 그만두고 창업을 한다고 하면 더욱 조심스럽다. 열정적으로 최선을 다해 사업에 임하지만, 기대만큼의 성과가 나오지 않으면 쉽게 주저앉는 경우가 많다. 그래서 그들에게 퇴사 5년 전부터, 퇴근 후의 시간과 주말을 이용해 창업할 분야의 '공장'을 부지런히 건설하라고 조언하고 싶다. 고객의 추세 분석, 상권 및 입지 분석, 고객 유입의 경로, 동일 분야에서 두각을 나타내는 사업장에 대한 분석, 본인 비즈니스의 차별점, 본인 제품과 서비스에 대한 프로토타입 구성 및 시장의 반응 등에 대해 명확히 정리되어야 한다.

뜨거운 열정과 절박함은 누구나 가지고 있다. 사업은 감정으로 달려드는 것이 아니라 냉철하고 합리적인 판단과 사고로 임해야 한다. 고객을 분석하고, 그들의 필요를 확인하는 작업은 이성적이고 분석적인 태도가 필요하니 말이다.

직장을 다니다 결혼과 육아로 경력이 단절된 여성들의 경우 자녀가 학교에 다니면서부터 자기 일을 하려고 준비하는 경향이 많다. 창업이라는 단어가 크게 느껴져서 혼자 부딪히기보다는 삼삼오오 동업을 생각하는 때도 있다. 누군가 동업에 대한 필자의 생각을 질문한 적이 있다.

동업은 가족이든 지인이든 괜찮다. 단, 조건이 있다. 사업을 하면서 손해 보는 일이 발생할 수 있다. 이때 금전적으로 손실이 있어도 상관없는 사람과의 동업이어야 한다. 전 재산을 사업에 소위 '몰빵' 하여 '이 사업이 아니면 안 된다'라고 생각하는 사람과 동업을 한다면 위험할 수 있다. 잃어도 상관없는 사람들은 절박함은 떨어지지만, 객관적으로 바라보고 이성적인 판단을 할 수 있다. 하지만 반대의 경우, 절박함과 욕심으로 시야가 흐려지는 경우가 많다. 즉 한 방을 노리는 사람을 조심해야 한다. 결론적으로 동업을 추천하진 않지만, 협업은 가능하다. 단, 계산은 정확해야 한다. 사업은 정에 이끌려 할 수 있는 것은 아니다.

덧붙여 사업을 준비한다면, 자기가 생각하는 성공적인 사업장에서 시간제로 일에 대한 경력을 쌓기를 추천한다. 중화요리 음식점 창업을 준비한다면, 중국집에서 홀서빙을 하든 배달을 하든 주방보조를 하든 어깨너머로 시스템 운영을 배우고 벤치마킹해야 할 것이다. 편의점 창업역시 마찬가지다. 여러 편의점에서 몇 달에 걸쳐 파트타임을 하며 물류

배송, 발주, 손익 계산, 아르바이트생 관리 등을 배우고 사업주로서 가져야 할 시각에 관해 공부하는 사전 경험이 필요하다. 이러한 경험을 토대로 비즈니스에서 본인만의 차별성을 가져갈 수 있게 된다. 만약 현재 사전 경험을 할 상황이나 환경이 마련되지 않은 채 창업을 결심했다면, 미리 그 길을 걸어간 멘토를 찾길 바란다.

'공부'만이 시행착오를 줄일 수 있고, 성공적인 사업의 연착륙을 도모할 수 있다. 공부하고 행동으로 옮기고 반성하며 자기 것으로 만드는 과정이 필요하다. 사업가에게는 퇴근 시간이 없다. 잠을 자는 순간까지도 신제품 개발, 재고 관리, 거래처 확보, 홍보 마케팅, 내일의 미팅 스케줄 등등이 머릿속을 떠나질 않는다. 이렇게 치열하게 살 각오를 하지 않는다면 소비자로 남는 것이 현명하다고 거듭 강조하고 싶다.

1인 사업가가 엄청나게 늘어나고 있는 추세다. "퍼스널"은 현시대에 가장 익숙한 단어다. 지금은 단체도 중요하지만 개인을 노출하고 드러내고 브랜딩하는 것이 더 중요한 시대다. 필자가 운영 중인 피부샵만 하더라도 불과 5, 6년 전만 해도 프랜차이즈나 대형샵, 토탈뷰티샵 등이 많이 각광받는 추세였다면, 지금은 1인 샵이 훨씬 더 늘어나고 각광을 받고 있다. 그래서 초기 창업 비용이 생각보다 크지 않을 수 있고, 그만큼 쉽게 창업을 하게 되고 폐업률 또한 엄청 높아졌다.

사업을 하면 한 사업장의 대표인데 사람들은 그것을 쉽게 생각하는 경향이 있다. 왜? 1인 창업이니까. 대표라고 하기 민망해하는 사람들도 많이 보았다. 목표를 물어봐도 정확하게 대답하지 못하는 사람들도 많이 보았다. 막연히 남들이 다 그런 것 같으니까 "월 천만 원".

왜 동기부여 작가나 세일즈 유튜버, 여러 매출 컨설팅을 하는 곳에서 월 천이라는 말을 쉽게 하는지 이제 조금 이해가 되었으리라 본다. "월 천만 원"을 벌 수 있게 해주겠다고 사방팔방 홍보하는 것을 보면 사람은 자신도 모르게 마음이 움직일 수밖에 없다.

사실상 월 천을 벌면 인생이 바뀌고 엄청 큰 변화가 있을 것이라 생각하겠지만 필자가 느껴본 결과 전혀 다르지 않다. 오히려 가면 갈수록 버는 것보다 쓰는 것이 더 중요하다는 생각이 더 많이 들게 된다.

그러니 흐릿하고 막연한 목표보다 정확한 목표와 구체적인 플랜을 가지고 사업을 시작하기를 바란다. 그것조차도 안 되어 있는데 무엇을 어떤 자신감으로 팔 수 있겠는가 그리고 그것을 누가 사겠는가. 모든 것은 기본에서부터 시작된다.

2

10년 vs 3년

『아웃라이어』의 저자 말콤 글래드웰은 어느 분야든 최고의 경지에 이르기 위해서는 최소한 1만 시간의 투자를 해야 한다는 "1만 시간의 법칙"을 강조하고 있다. 1만 시간은 대략 하루 세 시간, 일주일에 스무 시간씩 10년간 연습한 것과 같다고 한다.

1956년에 영국의 작은 시골 마을에서 결성된 비틀즈는 악보도 제대로 해석할 줄 모르고 음악에 관한 제대로 된 교육조차 받아본 적이 없었다. 그러나 음악을 듣고 함께 해석하고 음을 외우는 등 매일 8시간 이상의 반복 연습 끝에 최고의 밴드로 설 수 있었다. 그들은 1만 시간 이상의 연습을 인내하며 해 낸 것이다. 모차르트는 7세에 작곡을 시작해서 만 시간의 노력 끝에 21세에 명곡들을 발표하기 시작했다. 남자 피겨선수들만 할 수 있었던 공중 삼 회전을 성공한 김연아 선수는 1번 실패하면 65

번 연습했다고 한다.

1만 시간의 법칙은 20대를 살아가는 이들에게 시사하는 바가 크다. 세상에 재능을 가지고 태어나는 사람은 없으며, 누구나 포기하지 않고 반복과 연습을 거듭해 나간다면 전문가의 대열에 등극할 수 있다는 것이다. 1만 시간은 프로가 되기 위한 절대 시간이다. 필자는 포기라는 단어가 생각날 때 떠올리는 글귀가 있다. "포기하지 마라! 절망의 이빨에 심장을 물어 뜯겨본 자만이 희망을 사냥할 자격이 있다." 이외수 작가의 이 말처럼 원하는 목표가 있다면, 뭔가 제대로 도전해 보고 끝까지 매달려 보길 바란다.

젊음의 최대 특권은 다시 일어설 수 있다는 것이다. 열정을 가지고 살아가는 사람에게 실패라는 말은 없다. 실패 속에서도 분명 배우고 느끼는 것이 있기 때문이다. 오히려 젊은 시절, 많은 실패를 경험해 본 사람은 담대히 다음의 일에 도전할 수 있고, 실패를 토대로 큰 성공을 만들 수 있다. 혹시 어릴 적 꿈 또는 오래 목표하던 것을 포기했다면 다시 용기 내어 시작하라. 세상에 늦은 것은 없다.

자, 여기까지는 우리 모두가 많이 들어왔고, 알고 있는 사실일 수도 있다. 틀린 말 하나 없는 팩트다. 하지만 사실 알면서도 행동하지 않기 때문에 되는 사람과 안 되는 사람이 나뉘는 것이겠지만 말이다. 하지만 뻔한 소리를 듣기 위해 이 책을 펼치진 않았을 것이다. 현시대는 빠르게 변화하고 새로운 것들이 자꾸 튀어나오고 있다. 망하고 싶어도 망하기 어려운 방법은 남들이 가는 길과 전혀 다른 길로 가야 하는 것이다. 남들과 똑같이 살아간다면 사실상 이 시대에서 물질적 정신적 풍요를 누리기는 어렵다.

지금은 누구나 "장인"이 될 수 있는 시대다. 이 업계만 보아도, 10년 넘게 경력을 쌓고 장인정신으로 똘똘 뭉친 분들이 있는 반면, 나처럼 창업 3년 차에 기하급수적으로 성장한 사람도 있다. 유튜브 영상 하나, 블로그나 인스타 게시물 하나, 스마트스토어 제품 하나로 하루아침에 이슈가 되고, 그것을 발판 삼아 더 유명해지고 스스로가 브랜드가 되고 결국 인생이 송두리째 변화하는 사람들을 많이 보았다. 이것은 곧 "온라인"의 힘이다.

사업을 함에 있어서 사실 오프라인도 중요하지만 이제 온라인을 빼놓을 수 없게 되었다. 온라인에서 어떻게 보이느냐에 따라서 그 사람이 장인인지 아닌지 구분도 할 수 있게 되었다. 하지만 진짜 장인이어서 장인이라고 칭송받는 사람이 과연 몇이나 될까?

누군가에게는 불편한 말일 수도 있다. 그럼에도 불구하고 이렇게 이야기하는 이유는 보이는 것의 힘을 절대로 무시할 수 없기 때문이다. 그것을 명심하고 사업에 임해야 한다. 당장 내가 어떤 분야의 전문가가 아니라고 하더라도 전문가의 마인드와 행동으로 온라인에서 그럴듯하게 포장함으로써 진짜 그 분야의 전문가가 될 수 있다. 한 분야에서 꾸준히 10년 동안 배우고 익혀서 장인이 되더라도 그것을 드러내지 못하면 누가 알아주겠는가.

이미 무언가를 배우기 위해 습득해야 될 정보는 어디서든 찾을 수 있는 시대다. 그러니 사업을 할 때 가장 중요한 것은 내가 무엇을 하고 싶고, 그것이 필요한 사람이 누구인지를 명확하게 정하는 것이고, 그 후 그 분야의 전문가로서 갖춰야 할 것들을 하나씩 셋팅해나가면 된다.

필자는 30대 초반 젊은 나이에 창업을 했고, 전문가라고 하기에 부족함도 많았다. 하지만 온라인에서는 누가 봐도 전문가였고, 그런 셋팅을 하면서 꾸준히 부족한 부분을 하나씩 채워나가다 보니 지금은 플라스틱이 리얼리티가 되었다.

오랜 시간 같은 일을 하더라도 배우려 하지 않고 현실에 안주한다면, 시간만 채우는 것일 뿐 그 분야의 진정한 전문가는 아니라는 것이 필자의 생각이다. 오히려 미친 몰입감으로 습득하고 전달하고 누군가에게 이로운 영향을 주는 것이 진짜 전문가다.

잘나갈 때까지 기다리면 그런 순간은 오지 않는다. 잘나가는 척을 해야 진짜 잘나가게 된다. 1년 뒤 2년 뒤의 나의 모습을 지금 당장 연출해라. 그렇게 하다 보면 진짜 그런 삶을 살게 될 것이다. 그런 것들이 불편하고 민망하고 양심의 가책이 느껴져서, 아닌 것을 그럴듯하게 포장하지 못하겠다면 월급을 받는 직원으로 남는 것이 현명하다.

창업 실패를 가르는 창업의 3원칙

3

- -

꿈 vs 현실

서머짓 몸의 저서 『달과 6펜스』에서 스트릭랜드는 잘나가는 금융인이었고, 평온한 가정을 꾸리고 살아가고 있었다. 그런데 어느 날, 자신이 오래전부터 바라던 '화가'의 꿈을 이루기 위해 편지 한 장을 남기고 직장과 가정을 뒤로한 채 떠난다. 그리고 자신의 시간과 에너지를 그림에 오롯이 쏟는다. 누군가는 이를 두고 무모한 도전이라 평가하고, 혹자는 자신의 꿈을 위해 과감한 결단을 한 그의 삶을 부러워한다. 실제 이 작품의 제목에서 '달'은 이상, 꿈, 유토피아를 상징하고 '6펜스'는 현실, 돈벌이를 의미한다. 이상을 좇아 살아가고 싶지만, 현실을 쉽게 벗어나지 못하는 현대인의 모습을 빗댄 상징물이다.

간절한 꿈에는 포기가 없는 듯하다. 간절히 꾼 꿈이라면, 오래도록 품고 지낸 꿈이라면, 형태는 조금 달라질 수 있지만 결국 그 꿈 근처에 가 있는 듯하다. 지금 당장 꿈을 이루지 못했다고 꿈이 사라지는 것이 아니라, 꿈을 잊지 않는 이상 사람은 꿈 주변을 맴도는 듯하다. 꿈을 꾸는 건, 어린이건 어르신이건 매한가지다. 꿈을 꾼다면 젊게 살아갈 수 있다.

책상 위에 흰 종이를 꺼내고, 맨 위에 이렇게 썼다.

'내 인생의 버킷리스트'

잊고 있었던 나의 소망에 대해 천천히 적어보았다. 어느새 20개가 넘게 적혔다.

우연히 인터뷰를 진행하는 좋은 기회가 생겼다. 인터뷰를 하다가 하고 싶은 게 무엇이며, 앞으로 꿈이 무엇인지에 대한 질문을 받았다. 사실 나는 꿈이 뭔지 묻는 질문을 받을 때 유쾌하진 않다. 꿈이 없어서가 아니라 너무 많아서 일일이 설명하기가 힘들다. 꿈은 내 마음대로 꿀 수 있지 않나. 이렇게 대답했더니, 굉장히 놀라워하셨다.

사람이 인생을 살고 나이가 들다 보면 점점 하고 싶은 게 줄어든다고 한다. 현실적으로 불가능한 것들이 눈에 보여 스스로의 기준에서 불가능한 것들은 제외시킨다고도 한다. 실제로도 하고 싶은 것들이나 꿈을 한번 적어보라고 제안하면 10개 이상 써 내려가는 것조차 힘들어하는 사람이 많다고도 했다.

내 생각은 다르다. 돈이 드는 것도 아니고, 하고 싶은 것들을 적는 것 뿐인데 그것이 이루어지든 이루어지지 않든 그게 무슨 상관인가. 일단 적어라. 그리고 우선순위를 리스트업하고, 가장 먼저 이루고 싶고 해야 되는 것들을 시작하면 된다.

버킷리스트라고 해서 꼭 거창할 필요도 없다. 버킷리스트를 적어도 반 이상은 머나먼 세상의 일인 경우가 대부분이다. 하지만 버킷리스트를 적은 다음 그것을 계속 보다 보면 나도 모르는 사이 무의식은 그것을 향해 가고 있고, 결국은 도달한다는 것을 몸소 느꼈다.

이왕 한 번 사는 인생, 하고 싶은 거 다 적고 그중 반 이상이라도 이루고 이 세상을 떠난다면 적어도 지금 사는 삶에 대해 후회하는 일은 없지 않을까. 지금은 70대, 80대 노인들도 꿈을 좇는 시대가 아닌가. 스스로 본인 인생에 한계를 지어버린다면 온갖 안 되는 부정 기운들만 주변에 넘쳐나게 될 것이다. 그리고 그것이야말로 진짜 "망하는 방법"이다.

창업 성패를 가르는 창업의 3원칙

상위 1% 사업가의
송곳 이론 7가지

1

나는 매달 순수익 월 1,000만 원을 벌기로 결심했다 - 시각화

창업을 하고 얼마 후, 경영에 대한 교육 하나를 들으러 간 적이 있다. 내가 하는 분야에서 엄청나게 오래되셨고 경험과 실패를 모두 겪으며 이뤄오신, 내가 존경하는 분 중 한 분이 하시는 교육이었다. 그분의 교육 중 제일 기억에 남는 것 중 하나가 바로 목표 설정이었다.

"목표는 눈에 보여야 돼요, 저는 항상 눈에 보이는 곳에 메모해서 적어두었어요. 매일 볼 수 있게."

그때 생각했다. 항상 막연하게 돈 많이 벌고 싶다고 생각만 했지 구체적으로 얼마큼 벌고 싶은지 디테일한 목표 설정 없이 움직였기 때문에 그것을 이루기 위해서 무엇부터 해야 될지 감이 안 잡혔던 것이다. 교육을 듣고 오자마자 나는 포스트잇 하나를 꺼내 들었다. 그리고 네임펜을 꺼내 아주 크게 적기 시작했다.

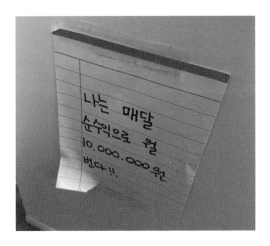

"나는 매달 순수익 10,000,000원씩 번다"

이렇게 적어 매일 볼 수 있는 곳에 붙여놓았다. 확실히 그냥 천만 원과 10,000,000원은 다른 느낌과 다른 자극을 준다. 그리고 정확히 6개월 뒤, 목표를 달성할 수 있게 되었다.

'말도 안 돼', '그냥 적기만 했는데 목표가 이뤄진다고?'라고 생각할 수도 있다. 그것은 그저 단면적인 것만 본 것이다. 목표를 구체화하면 그때부터는 그것을 이루기 위해 놀랍게도 당장 해야 될 계획들이 생긴다. 물론 목표를 이루겠다는 간절함과 절실함은 필수다. 하기 싫은 거 안하고, 하고 싶은 것만 하고 살면서 이룰 수 있는 건 아무것도 없듯이 말이다.

지금, 어떤 꿈을 꾸고 있는가? 5년 후 10년 후 자신의 모습을 생각하며 목표를 적어본 적이 있는가?

1953년 미국 예일대에서 졸업생을 대상으로 삶의 명확한 목표를 글로 써서 가지고 있는 학생이 얼마나 되는지 조사했다. 참여한 학생 가운데 단 3퍼센트 학생들만이 자신의 목표를 기록해서 갖고 있었다. 이후 20년이 지난 1973년, 당시 조사에 참여했던 학생들에 대한 추적 조사를 실시했다. 자신의 목표를 기록해서 가지고 있던 3퍼센트의 사람들이 소유한 재산은 나머지 97퍼센트 사람 모두의 재산을 합친 것보다 많음을 확인했다.

이지성의 『꿈꾸는 다락방』이라는 책에서 그는 꿈을 이루는 공식을 "R=VD"라고 소개한다. 즉 현실Realization은 생생히Vivid 꿈Dream꿀 때 이루어진다는 것이다. 론다 번은 자신의 저서 『Secret시크릿』에서 끌어당김의 법칙을 소개한다. 당신이 꿈꾸는 모습을 계속 생각하고 상상하면 그 꿈이 현실이 된다는 것이다.

꿈을 이루는 방법의 핵심은 '간절히 바라라'이다. 꿈에 대한 생각을 놓지 않고 지속적으로 상상 속에서 자신이 바라는 모습을 떠올리고, 현재 주어진 일과 꿈을 위해 노력하는 일들을 포기하지 않는다면 조금씩 꿈의 현장이 삶의 현장이 되는 것이다.

일주일, 한 달의 목표보다 더 중요한 것은 5년, 10년 후의 목표이다. 꿈을 향해 전진하는 배가 현재 빠른 속도로 항해를 하고 있는데, 도착 지점이 잘못된 곳이라면 아무리 빠른 속도로 도착 지점에 왔다고 할지라도 다시 떠나야 한다. 중요한 것은 빠르게 목표에 도달하는 것이 아니라 정확한 지점에 도달하는 것이다. 너무 서두르지 말아라. 부지런히 조금씩 앞으로 계속 전진해라. "Slow but steady wins the race."

지금, 종이 한 장을 꺼내어 1차 목표를 구체적으로 작성해 보라. 아무것도 아닐 수 있는 종이 한 장에 구체적인 목표와 꿈을 적어보자. 그것을 계속 바라보고 눈에 담으면 동기부여가 되고 갈수록 내가 가야 하는 방향이 정확해진다. 아직도 막연하게 뭔가를 하고 싶다고 생각만 하고 있다면 그것을 안에서 밖으로 꺼내서 글로 쓰고 눈에 보이게 만들면 오히려 더 뚜렷한 계획이 생기게 될 것이다. 우리의 뇌는 신기하게도 꿈과 현실을 잘 구분하지 못한다고 한다. 다시 말해, 지속적으로 자신이 꿈꾸는 장면을 상상하다 보면, 뇌는 이를 현실로 받아들인다는 것이다. 사람은 보이는 것만을 믿는다. 스스로 그것을 보며 자기 암시를 하고 목표를 이룰 수밖에 없는 자원들을 끌어당긴다.

아는 것은 힘이 되겠지만 실천은 돈이 될 것이다. 세상에서 가장 긴 거리가 바로 머리에서 손끝까지의 거리라는 신영복 교수의 말이 떠오른다. 어쩌면 한 번은 들어보았을 이야기일 것이다. 하지만 매번 생각에 그치고 지나치지 않았던가. 중요한 것은 행동이며 실천이다. 특별한 형식 없이 빈 종이에 꼭 이루고 싶은 목표를 구체적으로 적고 가장 잘 보이는 나만의 장소에 붙여두자. 그리고 그것을 입으로 내뱉고 뇌에도 그 목표가 들리도록 하자.

뇌는 아주 지독한 전염병이 있다. 아주 쉬운 예를 두 가지 들어보겠다.

1. 이 책의 제목을 생각하지 마라
2. 오렌지를 떠올리지 않고 사과를 떠올릴 수 있겠는가?

이렇게 뇌는 내가 원하는 방향으로 만들어나갈 수 있다. 원하는 대답을 듣고 싶으면 그렇게 질문을 하면 되고, 하고 싶은 게 있다면 그것을 심어 주면 된다. 내가 말하는 대로 뇌는 생각할 수밖에 없다. 떠올리고 싶지 않아도 전염병처럼 막을 수 없이 뇌로 퍼져 나간다. 그렇기 때문에 너도나도 "자기암시"나 "아침 확언" 같은 것을 하는 것이다. 그러니 단기 목표를 만들고 그것을 시각화하고, 구체화하는 것이 엄청나게 중요하다는 사실.

6개월 후 목표

상위 1% 사업가의 숨겨 이룬 7가지

2

이 순간에도 시간은 흘러가고 있다 - 시간

첫 세일즈를 시작했을 무렵, 첫 달에 벌었던 금액은 단돈 10만 원이었다. 그리고 정확히 3개월 뒤 월 천만 원을 달성했고, 통장에 그렇게 믿을 수 없는 금액이 찍히는 경험을 맛보게 되었다. 3개월 동안 대체 무슨 일이 있었기에 상상만 하던 것이 현실이 될 수 있었을까. 하지만 보이는 것만 보는 사람들은 원래 그런 사람이었고, 젊어서라는 이유들로 잘할 수밖에 없는 사람이라고 판단하기 시작했다. 그것이 나였기 때문에 그랬을 것이라고 말한다.

강가에 유유히 떠 있는 오리의 모습을 보면 참 평온해 보인다. 하지만 그 오리의 발은 지속적으로 움직이며, 중심을 잡고 앞으로 나아가게 한다. 사람들은 필자의 성과에 대해 어쩌다 얻은 것이라 말할 수 있다. 하지만 그들은 필자의 보이지 않는 노력을 알 리 없다. 그냥 얻어지는 건 있을 수 없다. 즉, 한 가지 정확하게 말할 수 있는 건 "성공에 떡상이라는 것은 없다는 것".

5개월간 새벽 3시 이전에 잠든 적이 없을 정도로 살면서 손에 꼽을 정도로 일에 온전히 미쳐 있었다. 하루 종일 머릿속에는 업무 해결 생각뿐이었고 매일매일 만나서 술 먹고 수다 떨며 소소한 일탈을 좋아했던 필자는 지인들과의 만남도 전부 다 끊어버렸다. 물론 2년이 다 되어가는 지금 또한 마찬가지다. 시간이라는 것이 빠르고, 기다려 주지 않는다는 것을 그때서야 조금씩 깨닫게 되었다.

일을 하면서 만나는 많은 사람들 중 대부분 어느 정도 했으면 성과가 빨리 나기를 바라고, 생각한 만큼 결과가 나타나지 않으면 금세 실망하고 지쳐버린다. 대부분이 사업을 하면서도 충분히 자고, 마음껏 쉬면서 여유롭게 일한다. 그러고는 매출이 제자리이거나 줄어들면 시간을 쪼개서 했다고 스스로를 합리화하며 '엄청나게 노력했는데 왜 안 되지?'라고 착각에 빠져 있다. 단언컨대, 그 정도의 노력도 없이 한 사업장의 사장이라고 할 수 있는지가 의문이다. 누구나 그 정도 노력을 할 수 있고, 당연한 것임을 스스로 인지해야 한다.

성과를 빨리 내고 싶고 원하는 것을 이루고 싶다면 그만큼의 시간을 더 투자하고 써야 한다는 것. 내가 시간을 흘려보낼 때 누군가는 시간을 잡고 놔주지 않는다는 것을 기억해야 한다. 같은 하늘 아래 같은 시간을 어떻게 쓸 것인지 생각해보길 바란다.

시간 전략에 대해서는 시간의 매트리스를 활용하길 권한다. 먼저, 여러분이 시간을 어디에 주로 사용하는지 항목들을 나열해 보기 바란다. 예를 들면, 스마트폰 보기, 유튜브 시청, 취미생활, 독서, 운동, 글쓰기 등일 것이다. 이어서 각각의 항목들이 다음의 4가지 중 어디에 포함되는지 살펴보자.

1) 급하고 중요한 일
2) 급하진 않지만 중요한 일
3) 급하지만 중요하지 않은 일
4) 급하지도 않고 중요하지도 않은 일

다시 말해, 여러분이 쓴 항목들이 이 4가지 중 어디에 해당하는지 살펴보자. 보통의 경우, 사람들은 '급하지도 않고 중요하지도 않은 일'에 시간을 쓰고 있다. 스마트폰 보기, TV 보기, 유튜브 시청 등이 이에 해당된다. 시간이라는 소중한 자원을 그냥 흘려보내고 있는 것이다. 시간의 중요성을 알지만 정작 스스로 통제하고 있지 못한 것이다. '급하고 중요한 일'은 어떻게든 해내기 마련이다. 업무적인 일이든, 개인적인 용무이든 말이다. 하지만 미래에 투자하고 자기 발전을 도모하기 위해서는 '급하진 않지만 중요한 일'에 대해 시간을 배분하는 것이 중요하다. 이를테면, 마케팅 관련 교육에 참가하기, 경영도서 독서, 상품 및 메뉴 개발, 심신 건강을 위한 운동 등이 해당될 것이다.

누구나 빨리 성공하고 싶어 한다. 그렇다면 가장 먼저 현재 자신이 시간을 어떻게 쓰고 있는지 살피고 통제하여야 한다. 그리고 셀프 모니터링 후, 지금 당장 내가 해야 될 우선순위를 정하고 그것을 실행함으로써 나만의 효율적인 시간 운영을 위한 전략을 구축해야 한다.

3

염소 한 마리
- 자존감

꽤 모험심이 많은 어릴 때였다. 눈에 보이는 모든 것이 호기심 천국이고, 하고 싶은 것도 엄청나게 많을 때였다. 하지만 커서 돌아보니 어렸을 적 많은 상황들 속에서 나는 긍정 신호를 받지는 못했던 모양이다.

창업 후 몇 달을 기다려 간 교육장에서 좋은 기회로 나를 소개할 수 있는 자리가 생겼다. 1분 스피치였고, 가이드까지 다 나와 있는 상태여서 그대로 적용해서 소개만 하면 되는 거였다. 순서가 다가오면서 심장이 쿵쿵거리기 시작하고 머릿속이 백지장처럼 하얘져서 아무것도 생각이 나지 않았다. 손발은 점점 얼음처럼 차가워졌다.

드디어 차례가 되어 떨리는 심장을 붙잡고 사람들 앞에 섰고, 모든 사람이 나를 쳐다보고 있었다. 마이크를 건네받고 통성명을 하는데 염소

한 마리가 온 줄 알았다. 목소리가 쉴 새 없이 떨리기 시작하더니 호흡까지 가빠져서 대환장파티가 이런 거구나 하는 것을 그날 처음 온몸으로 경험했다. 그리고 뒤이어 눈물까지 또르르 흘러내리기 시작했다. 강사님은 자기 또한 그랬었다고 위로를 해주셨지만 이미 내 귀에는 아무 소리도 들리지 않았다.

그 후 돌아오는 기차 안에서 얼마나 곱씹게 되던지, 쥐구멍이 있다면 들어가서 나오고 싶지 않은 심정이었다. 사실 나가서 소개하기 전까지 스스로 엄청 자신감 있고, 어떻게든 되겠지라고 어디서 나오는지 모르는 '근자감(근거 없는 자신감)'에 사로잡혀 있었기 때문이었다. 지금 생각해보면 그런 것들이 모두 자존감과 연결이 되는 부분인 듯하다.

자존감은 어렸을 때부터 생기는 것이다. 하지만 어렸을 때 높은 자존감을 형성하기란 대부분의 사람들에게 꽤 쉽지 않은 일이다. 그래서 그와 관련된 글이나 동기부여 등의 영상을 봤을 때 공감하고 호응을 한다. 10명 중 8명은 살아가면서 작은 성취감들로 인해 자존감이 높아지거나 그러기 위해 노력을 한다. 하지만 이마저도 안 되는 경우에는 말 그대로 유리멘탈로 살아가게 된다.

일을 하면서 많은 사람들을 만났지만 10명 중 7명은 스스로에 대한 자신감과 확신을 갖지 못하고 있는 경우가 대부분이었다. 새로운 것을 시작하기 위해선 누구나 두려움과 걱정이 앞서지만 동시에 설렘도 공존

하기 마련이다. 하지만 스스로에 대한 자신이 없는 사람들은 항상 이런 말들만 할 뿐이다.

"저는 원래 잘 못해요."
"새로운 사람과 상담을 하면 자꾸 주눅이 들어요."
"가게가 너무 작죠?"
"제가 과연 할 수 있을까요?"

이미 누구도 판단하지 않고 누구도 말하지 않는 것들에 대해서 스스로 판단을 하고 선을 그어버린다. 사실상 이렇게 생각하시는 분들과의 미팅은 멘탈 케어부터다.

많은 분들을 만나면 "조급함이 생기는 것은 항상 누군가와 비교하고 있기 때문이다"라고 항상 말하곤 한다. 조급함도, 불안함도 모두 자존감으로부터 오는 것이라는 생각이 든다. 그래서 자존감 해결이 제일 먼저이신 분들께는 항상 같은 솔루션을 내린다. 바로 "자기암시"이다. 아무것도 아닌 것 같지만 엄청난 효과를 가져다주는 솔루션이라고 확신한다.

매일 아침 일어나서 거울을 보며 5번 외치는 것. "내가 최고다", "나 ○○ 짱이다", "난 할 수 있다" 등의 암시를 하는 것이다. 하루를 보내면서 스스로를 보는 시간과 스스로에게 그렇게 말할 시간이 얼마나 되는지 생각해 보면 거의 없다고 본다. 그리고 그런 말을 듣는다는 것도.

가수 스윙스는 사람으로 인해 엄청나게 힘들고 무너지기 직전에 했던 것이 바로 "자기암시"였다고 한다. 본인이 알았을 수도 있다. 이런 말을 나에게 해주는 사람은 오로지 나뿐이라고. 나 또한 그 "자기암시" 하나로 지금은 엄청나게 많은 사람들 앞에서 소개를 하고, 교육을 하게 되었다. 닭똥 같은 눈물을 흘릴 때를 생각하면 정말 대단한 발전이라고 늘 스스로 생각한다.

후천적으로 자존감을 올리기 위해서는 특별한 무엇을 해야 되는 것이 아니라 작은 성취감을 조금씩 맛봐야 한다. 정해놓은 작은 할 일을 하나씩 해 보는 것부터 스스로 칭찬하고 인정해주는 것까지 조금씩 쌓이다 보면 어느 순간 나도 모르는 사이에 내면이 강해지는 것을 느낄 수 있다. 사실 모든 일들을 함에 있어서 주도적으로 무엇인가를 할 수 있게 되려면 필수적인 행동이 아닐까 싶다. 끌려가는 사람이 될 것이냐 끌고 가는 사람이 될 것이냐의 차이라고나 할까.

좋아하는 말 중에 "남들이 당신을 어떻게 생각할지 걱정하지 마라, 그들은 당신에 대해 많이 생각하지 않는다"란 말이 있다. 쓸데없이 많은 것들로 스스로를 힘들게 하지 말자. 어차피 나 말고 누구도 나에 대해 깊게 생각하지 않는다. 그냥 내가 짱이다.

4

목표 달성을 위한 3가지
– 구체화

현대자동차 역사상 최초로 7,000대를 판매한 영업왕 이양균 영업이사에 대한 신문기사를 접한 적이 있다. 7,000대 판매 거장으로 선정된 그는 입사 32년 만에 대기록을 달성했다. 그는 평소 주변 사람들에게 은퇴 전 7,000대 판매가 목표라고 입버릇처럼 말했다고 한다. 아마 스스로 자기 암시를 통해 목표를 잊지 않고, 스스로를 깨우려 했던 것으로 풀이된다.

판매왕의 비결이 무엇이냐는 기자의 질문에 그는 운동선수에게는 승리에 대한 간절함이 있듯, 자신도 간절함으로 일에 임했다고 한다. 각종 모임, 단체 활동 등 지역사회에서의 꾸준한 모임 참여와 인맥 관리를 통해 가능할 수 있었다고 이야기한다.[1]

---

1 매일경제 2022. 7. 10. 〈현대차 역사상 최고, 7000대 판매한 영업왕〉 기사 참조

누구나 인생의 목표를 가지고 있다. 사업으로 자신의 비즈니스를 일으키고자 하는 꿈을 꾸고 있는가? 마치 벼랑 끝에 서 있는 절박한 심정으로 분초를 다투며 정진했으면 좋겠다. 시험을 준비하는 사람이면, 시험 날짜가 데드라인이 될 것이다. 사업을 준비하는 사람이라면, 자신만의 목표 기일이 필요하다. 언제까지 목표 매출액 얼마를 달성하겠다는 구체적인 목표를 가져야 한다. 간절히 소망해라. 목표를 성취한 자신의 모습을 늘 마음속으로 그려보고 보다 절박한 마음으로 노력한다면 공기工期를 단축할 수 있을 것이다. 그렇다면 실질적인 목표 달성을 위한 3가지 방법에 대해 풀어보겠다.

첫째, 상황을 만들어라. 주변 고시원에 가본 적이 있는가? 그곳의 패션 컨셉은 오직 편안함이다. 공부를 위해 옷, 신발, 머리 모양에 신경 쓰지 않는다. 그리고 핸드폰은 자신이 필요한 경우에만 사용한다. 즉 공부 시간 외에는 핸드폰의 전원을 꺼 놓는다. 심지어 핸드폰을 사용하지 않는 학생들도 많다. 그리고 그들의 생활은 아주 단순하다. '학원 - 독서실 - 고시원'. 친구와 만나는 것도, 친구와 연락하는 것도 그들에겐 사치다. 한마디의 말도 없이 잠드는 적도 많다. 그들은 무엇을 먹을지, 무엇을 입을지, 누구를 만날지 등 목표 이외에는 아무것도 생각하지 않는다.

목표를 세웠다면 목표와 관련 없는 것은 과감하게 정리를 해라. 사업 아이템 개발과 마케팅 전략을 세웠다면, 이 목표가 달성될 때까지 끝까지 매달려야 한다. 한정된 시간을 쪼개, 더 공부하고 사업 전략에 집중해야 한다. 고시 시험을 준비하는 마음으로 임해야 한다. 아니 더 절박한 마음으로 임해야 한다. '적당히, 대충'이라는 단어는 삶에서 삭제하라. 친구들 만남, 각종 모임에 다 참여하면서 어떻게 목표에 성큼 다가갈 수 있겠는가? 행동할 수밖에 없는 상황을 만들어 그 안에 나를 투입하여라.

둘째, "크루"를 만들어라. '빨리 가려면 혼자 가고, 멀리 가려면 같이 가라'는 말이 있다. 뜻을 같이한 사람들이 모여 서로를 위로하고 격려하며 끌고 당겨주는 것이 참으로 소중한 시간이다. 흐트러지는 몸과 마음을 다잡을 수 있고, 목표에 대한 열정을 회복할 수 있는 기회인 것이다.

필자가 운영하는 "파르메스"라는 매출 상승 크루가 있다. 여기선 서로서로 도와주고 응원하며 긍정적인 에너지와 동기부여를 주고받는다. 멘토로서 더 많은 것을 공유해 주어야 하고, 도움이 되는 존재가 되기 위해 나 또한 스스로 더 많이 배우고 그것을 전달하고자 한다. 여기엔 업계 경영주들 모임, 창업을 준비하는 예비 창업자분들이 있다. 그들이 지금 생각하는 것, 고민과 고충은 거의 비슷할 것이다. 따라서 함께 머리를 맞대어 문제를 해결해 나간다면 많은 시간을 절약할 수 있다. 집단 지성의 힘을 느껴보기 바란다. 혼자 독고다이처럼 할 수도 있지만, 함께할 때 더 큰 힘을 발휘할 수 있다. 중요한 것은, 서로서로를 경쟁자로 생각하지 말아야 한다. 세상에는 수많은 당신의 경쟁자가 있다. 그런데 가까이 있는 사람을 경쟁자로 인식하는 순간, 발전이 더디다. 내가 더 내어주고 나눠주고 베풀면서 사업의 든든한 조력자, 파트너로 인식하는 것이 현명하다.

셋째, 슬럼프는 내가 만들어내는 것이다. 슬럼프, 번아웃의 의미는 다르다고들 하지만 결국 같은 맥락이 아닐까 싶다. 필자가 생각하는 슬럼프란, 힘든 것을 하고 싶지 않을 때 해야 할 것을 계속하다가 지쳐서 하기 싫어졌을 때 스스로 만들어내는 방패 같은 것이라고 생각한다.

누군가는 슬럼프가 무엇인가를 이뤘을 때 오는 것이라고 했고, 누군가는 감사한 마음이 사라졌을 때 초심을 잃었을 때 오는 것이라고도 했다. 사람마다 해석도 다르고 생각하는 방식이 다르다. 그렇기 때문에 슬럼프라는 것에 대한 실질적인 의미는 아마 본인이 제일 잘 알지 않을까. 결국 중요한 것은 '계속 가느냐, 멈추느냐'이다.

하고 싶은 것만 하고 살아갈 수 있는 사람이 세상에 몇이나 되겠나. 그것을 찾고, 그것을 함으로써 수익까지 난다면 인생에 정말 큰 행운이 아닐 수 없다. 하지만 꼭 내가 좋아하는 것만 하면서 살기란 꽤 어려운 일이다. 나조차도 세일즈라는 영역이 내가 좋아하는 것이나 내가 하고 싶었던 분야는 아니었다. 그런 쪽으로는 생각도 하지 않고 살았기 때문이다. 하지만 이 분야를 접하다 보니 내가 잘할 수 있는 일이라는 것이 느껴졌다. 물론 세일즈라는 건 단순 보험, 영업사원 이렇게 드러나는 직함을 가진 사람들만이 하는 것이 아닌 사업을 하는 사람들이라면 자신의 상품을 팔기 위해 필수적으로 배워야 하고 갖춰야 할 부분이다. 하지만 그것은 쉽지 않을뿐더러 스스로와 너무나도 맞지 않는 사람들도 많이 보았다.

샵을 운영하며 고객님들을 만나는 것도, 전국에 있는 무수히 많은 경영주를 만나는 것도 모두 다 세일즈다. 물론 내가 잘하는 일이라는 것을 느끼면서도 지난 2년간 무수히 많은 일들과 사람과의 문제들 그리고 눈물, 미성숙한 대처 등을 겪으며 이 길이 내 길이 아닌가 하는 생각도 많이 했었다. 하지만 그것 또한 내가 스스로 만들어 낸 방패 같은 것이었다. 누구도 나에게 슬럼프라고 하지 않았다. 그냥 나 스스로 그런 단어를 붙이게 되었다. 시간이 지난 지금 생각해보면 그때 나는 그저 "쉼"이 필요했을 뿐이었는데 말이다.

그러니 목표를 이루고 싶다면, 몰입할 수밖에 없는 환경과 상황을 만들고 그 안에 스스로를 투입하라. 그리고 같은 목표를 가진 사람들을 모으고 그 안에서 생기는 에너지와 시너지 효과를 직접 느끼길 바란다. 그리고 '이뤄 나가는 과정에서 오는 무수히 많은 장애물과 벽에 부딪힌다.' 라는 생각이 들어서 진전이 없다고 느껴진다면 그것은 슬럼프가 아니라, 단지 "쉼"이 필요한 때라 생각하고, 충전하고 또 열심히 달려나가길 바란다.

5

빚을 내야 빛을 본다
- 동기

배우 윤여정에게 기자들이 질문했다. "당신의 신들린 연기의 원동력은 무엇인가요." 그 질문에 그녀는 직선적으로 "돈"이라고 답한 인터뷰를 본 적이 있다. 그녀의 답변에 나는 참 깊이 공감이 되었다. 가장 솔직하고 정확한 답변이라 생각된다. 우리는 내재적 동기 즉 자기실현, 직업을 통한 보람과 행복을 위해 일을 할 수도 있다. 그러나 가장 궁극적인 동기는 외재적 동기인 금전, 돈이다.

그리고 잠자는 시간을 제외하고 오롯이 자신의 모든 시간과 생각을 사업에만 몰입할 수 있게 해주는 큰 원동력도 바로 '돈'이다. 사업 초기, 누구나 사업체 운영을 위해 일부 대출을 받아 사업을 일으키는 경우가 많다. 그런데 사업이 안정기에 들어서고, 꾸준히 안정적으로 수익이 발생하게 되면 자칫 '도전'보다는 '안정'을 택하게 될 때가 있다.

'이만하면 됐지' 하면서 사업에 쏟는 힘과 에너지 그리고 시간이 이전보다 소홀해지는 경우도 있다. 또한 사업 안정기에 들어서면서 직원에게 상당 부분의 업무를 맡기고, 사업 전선에서 한두 걸음 물러서는 경우도 있다.

위기는 사업의 초기가 아니라, 사업이 안정기에 들어서면서부터이다. '절박함'이 떨어지면, 사업의 열정도 그만큼 식게 된다. 하지만 그 식은 열정을 다시 끌어올려주는 역할을 해줄 수 있는 것은 바로 '빚'이라는 생각이 들었다. 과도한 빚은 분명 불행과 조급함을 가져오지만, 적절한 빚은 사업에 활력을 가져온다. 빚이 있으면 약간의 긴장감 상태로, 시간을 밀도 있게 사용하게 하는 원동력이 된다. 사업장을 리모델링 하거나 또는 기존에 진행하고 있는 비즈니스를 한 단계 업드레이드하거나, 소액 자본으로 새로운 분야의 사업을 진행해 보는 등의 건설적인 투자를 진행하는 것이다.

절실한 상황 속에 자신을 밀어 넣어야 한다. 앞서 얘기한 행동할 수밖에 없는 상황을 만들라는 것과 같은 맥락이다. 지금 당장 벤츠 매장에 가서 계약서라도 써라. 돈이 많아서 계약을 할 수도 있지만, 자기 사업의 성공을 상상하고, 벤츠를 타면서 더욱 성공해야겠다는 의지를 다지는 계기를 만들라는 메시지이다. 차량을 구매하면서 '더 열심히 일해야지'라는 생각도 하지 않을까. 필자가 올해 1월이 되자마자 포르쉐를 계약한 것도 이와 같은 맥락이다.

"빚을 내야 빛을 본다."

'아니 잠깐 무슨 책에서 차를 계약하라고 하고, 대출을 권장하고 진짜 망하는 방법 아니야?'라고 생각할 수도 있다. 하지만 누구나 해주는 동기부여나 누구나 해주는 어설픈 위로를 이 책에서는 바라지 않길 바란다. 필자는 이 책을 통해 단 한 명이라도 행동하기를 바란다. 어떤 이는 당장 가까운 벤츠 매장에 가서 계약서를 쓸 것이고, 계약한 차에 앉아서 사진도 찍을 것이고, 그것을 가졌을 때의 느낌을 분명하고 확실하게 느끼고 올 것이다. 그리고 그것을 경험함으로써 더 많은 에너지와 자원이 끌려오게 되어 있다. 많은 분들이 알고 있는 부자 중에 부자, 삼성 이건희 회장의 명언 중에는 이런 말이 있다.

"부자처럼 생각하고, 부자처럼 행동하라. 나도 모르는 사이에 부자가 되어 있다."

물론 여러 가지 다른 동기부여의 요인들도 있겠지만, 돈이 가장 큰 동기부여 요인임을 경험했다. 그리고 어떤 이는 대출금을 모두 상환했을 때의 짜릿함도 기억할 것이다. 대출금을 상환하면서 당신의 비즈니스는 스스로도 모르게 한 단계 더 성장해 있을 것이다. 더 많은 매출과 수익을 내기 위해 더 집중하고 주변을 살피게 되고 배움의 자세로 임하게 될 것이다. 대출을 받고 이자를 내면 손해를 본 듯하지만, 결론적으로는 더 큰 것을 얻게 되는 것이다. 당신이 사장이기에 어느 누구도 더 열심히 일하고, 계속 연구하라고 말하지 않는다. 하지만 스스로 절박한 상황에 몰아넣으면 자발적으로 삶에 집중하고, 더 뜨겁게 살게 된다.

6

우물 안 개구리
– 관점

우물 안에서 열심히 헤엄을 치던 개구리는 생각했다. '저 우물 밖에는 뭐가 있을까?' 개구리는 우물 밖으로 나가야겠다고 생각했고, 열심히 아주 열심히 그 생각만 가지고 우물 밖으로 나왔다. 우물 밖으로 나오니 전혀 다른 세상에 신기하고 재밌고 열정이 가득했다. 세상을 탐험하고, 새로운 이들을 만나고, 관계를 맺으며 우물 안에서는 겪어보지 못한 많은 일을 겪게 된다. 엄청난 기대와 좋은 일들만 일어날 것 같지만 사실 그렇지 않다는 것을 우물 밖에 나와서 알게 된다. 심지어는 '차라리 우물 안에 있었다면 마음이라도 편했지.'라는 생각까지 하는 날도 온다. 우물에서 먼저 나온 개구리들이 이미 엄청나게 적응했고, 잘 살고 있는 모습을 나오는 순간 접하기 때문이다.

이런 개구리의 모습들이 실제로 나의 모습과도 같다는 생각이 많이 든다. 창업하고, 경영을 하다 보면 정말 내가 겪어보지 못한 일들이 너무나도 많기 때문이다. 우물 안에서의 스트레스는 우물 밖에서는 스트레스 축에도 끼지 못할 정도로 스트레스 상황이 일상적으로 일어난다. 창업하고 내 것이 생기면 아주아주 재밌고 좋은 일들만 생길 것 같고 돈도 많이 벌 것 같은 기대감과 설렘이 가득하지만, 사실상 생각만큼 내 마음대로 흘러가지 않는 일들이 대부분이다. 그리고 하루에 절반을 SNS 안에서 보내며, 같은 업계 사람들의 계정을 돌아다니며, 비교하며 보낸다. 그래서 정작 내가 해야 할 일들을 하지 못하고 하루가 가는 일들이 다반사인 경우가 많다.

어느 날 나는 문득 그런 생각이 들었다. '아무것도 하기 싫다', '번아웃이 왔나?', '슬럼프인가' 각종 부정적인 생각들이 내 뇌를 뒤덮게 되었다. 순간 나는 지금 도대체 왜 이런 생각이 드는 것인가에 대해 생각해보기 시작했다. 결국, 내가 내린 결론은 스스로를 남들과 비교하며 구렁으로 빠뜨리고 있었다는 사실이었다. 나는 나 자신을 인정하지 못했다. 더 잘하는 사람들과 비교하고 없으면 찾아서라도 그 사람들과 나를 비교했다. 자존감은 낮아지고, 잘한다는 사람들의 말이 다 거짓말처럼 느껴졌다. 그렇게 나는 스스로를 갉아먹고 있었다. 그러고서는 번아웃이니 슬럼프니 하면서 스스로 움직이지 않는 이유를 정당화했다.

사실 모든 문제는 다른 데 있지 않다. 모든 문제는 바로 나한테 있다. 비교한다면 어제의 나와 오늘의 나를 비교해야 하는데, 어리석게도 나는 항상 남들과 나를 비교하며 지냈다. 그래서 나보다 잘된 이들을 만났을 때 자괴감, 시기, 질투를 느끼고 그들을 있는 그대로 인정하고 응원해 주지 못했다.

그래서 나는 나 자신과의 대화를 시작하게 되었다. 온전히 내 시간을 가지면서 내가 무엇을 원하는 것인지, 내가 지금 해야 할 일은 제대로 하는 것인지, 이 모든 것들이 누굴 위한 것인지에 대해 말이다. SNS는 내 신경에 조금이라도 거슬리는 이가 있다면 아예 게시물이든 이야기든 보이지 않게 숨겨버렸다. 안 할 수는 없으니까. 그렇게 주변을 하나씩 나에게만 집중할 수 있게 바꾸고 나니 정작 내가 놓치고 있던 것들이 하나둘씩 보이기 시작했다. 나는 내 방 청소도 하지 않고 쓸데없는 데 시간을 허비하고 있었다.

소크라테스가 말한 "너 자신을 알라"라는 말이 제일 많이 생각났던 때이기도 하다. 항상 어딘가에 쫓기는 것 같고, 항상 불안했던 마음들이 조금씩 평온해지기 시작했다. 남들의 속도와 나의 속도는 다르다는 것을 인정하는 순간 마음이 안정되었다. 많은 사람이 하는 실수 중 하나가 아닐까 싶다. 우리는 보이는 것이 다인 세상에서 살고 있고 의도했든 의도하지 않았든 모든 상황을 보게 되고 알게 모르게 많은 정보를 흡수하면서 살게 된다. 하지만 시간은 하루 24시간 정해져 있고, 같은 시간을 써도 생산성 있게 써야 하는데 막상 보면 SNS에 대부분의 시간을 투자하며, 나를 위해 쓰는 것이 아닌 남들을 보기 위해 쓰고 있다. 제일 큰 문제는 내가 그렇게 시간을 보내고 있다는 사실조차 모르고 있다는 것이 제일 큰 문제다.

그리고 내가 느낀 건 "세상 사람들은 나한테 생각보다 관심이 없다"라는 사실이다. 웃픈 얘기일 수 있겠지만 SNS를 하다 보면 세상이 나에게 엄청나게 많은 관심이 있을 것이라는 착각에 빠질 때가 있다. 내 계정을 운영하고, 나의 사진을 올리고, 사람들이 '좋아요'를 누르고 그 숫자 하나하나에 신경 쓰며 세상의 중심이 나라고 생각하고 사는 경우가 종종 있는데, 이런 어리석은 생각에서 벗어나야 한다. 그럴 때일수록 더더욱 나에게 온전히 집중하고 나를 돌아보는 시간을 가져야 한다. 온갖 부정적인 생각들로 한번 뇌가 뒤덮여보고 나서야 깨달았다.

미팅을 하며 많은 사람들은 만나고 이야기를 나누다 보면 항상 비슷한 고민을 하고 있었다. "저 사람은 너무 잘하는데 내가 과연 할 수 있을까요?", "저는 하나도 모르는데 잘하는 사람이 너무 많아서 할 수 있을지…."라는 말들로 남과 나 자신을 계속해서 비교한다. 그때마다 항상 드리는 말씀은 남과 비교하지 말고 내 페이스대로 가야 한다는 것. 어차피 온라인에서 사람들은 무궁무진하게 많고, 내가 열심히 하는 만큼 돌아오는 게 사실이기 때문이다. 모두가 0에서부터 시작한다. 처음부터 어떻게 잘될 수가 있나. 잘된 사람들을 보며 '와~'만 할 것이 아니라 이제는 시선을 달리해서 '얼마나 열심히 했길래 저렇게 잘된 거지?' 하면서 배울 점을 보고 그것을 내 것으로 만드는 것에 더욱더 집중하는 것이 생산성 있는 일일 것이다.

　명심하자. 비교란 어제의 나와 오늘의 나를 비교하는 것이지, 남과 비교하는 삶은 스스로를 갉아먹는 행동이라는 것을!

7

노력은 증명하는 것이다
- 결과

필자는 고등학교에 진학하기 전, 원하는 고등학교에 갈 수가 없는 성적
으로 인해 골머리가 아팠던 적이 있었다. 공부에 관해서는 아마 자신 있
게 내 분야가 아니라고 사방팔방 말하고 돌아다닐 정도로 담을 쌓고 살
았다. 그런 나도 그 나이에 미래에 잘 살고는 싶었던 마음이 조금이나마
있었던 건지 내가 원하는 고등학교에 진학을 못 한다는 소식에 좌절감
에 빠졌었다. 그때 나에게 그 누구도 "열심히 하면 갈 수 있을 거야."라
는 말을 해줬던 사람은 없었다. 그냥 나 스스로 이렇게 갔다간 진짜 인
생 망할 것 같다는 생각이 들었고, 중학교 졸업 전 마지막 두 번의 시험
을 앞두고 벼락치기를 결심했다.

얼마 남지 않는 두 번의 기회 안에 결과를 뒤집어야 했다. 그때 항상
즐겨보던 인생 드라마가 〈주몽〉이었는데, 본방송 시청도 포기할 만큼

공부했다. 그게 뭐 그렇게 대단한 일이냐 생각할 수도 있다. 하지만 그 시절 나에게 드라마 포기란 아미(방탄소년단 팬클럽)가 방탄소년단을 포기하는 것과도 같던 일이었다. 인생 16년 차에 처음으로 온 마음을 다해 공부해 본 순간이었다. 성적을 잘 받을 수 있을 거라고 아무도 생각하지 못했지만, 시험을 봤고 나는 원하는 고등학교에 들어갈 수 있었다. 그때 중학교 담임 선생님이 시험이 끝나자마자 나를 부르서서 물어보셨다.

"혹시 커닝했니? 했다면 솔직하게 얘기하거라."
"진짜 안 했어요."

사실 내가 왜 이런 어처구니없는 질문을 받아야 하는지 그때는 몰랐지만, 지금에야 다시 생각해 보니 그렇게 생각할 수밖에 없는 성적을 매번 보여줬기 때문이라고 생각한다. 그리고 열심히 하면 될 것이라는 결과를 증명한 적이 없으니, 선생님으로서는 꽤 충격적이었을 수 있을 것도 같다.

그때도 그랬고, 지금도 그렇지만 내 스타일은 변함이 없다. 뚜렷한 동기가 없이는 움직이지 않고, 내가 필요하거나 해야 하는 상황에서는 미친 듯이 하는 성향이 있다. 사람들은 대부분 주관적이다. 그리고 자신에게 관대하다. 그래서 내 입장, 내 기준에 대해서 많이 생각한다. 나는 일을 하면서 같은 업계 종사자분들을 많이 만나는데, 그분들이 생각하는 노력이 다 다르다는 것을 느꼈다. 많이 들었던 말들이 "난 왜 열심히 하는데 이것밖에 안되죠?", "열심히 했는데 반응이 없는 거 보니까 나랑은 안 맞나 봐요." 이런 말들이었다. 나는 매번 똑같이 되묻는다. "그래요? 뭘 얼마나 열심히 하셨는데요?"라고.

노력의 기준은 모두가 다르지만 내 노력의 기준은 "증명"하는 것이다. 내가 좋아하는 유튜버 중에 안대장TV라고 있는데, 그분의 좌우명이 너무나도 내가 생각하는 것과 일치한다는 느낌을 많이 받았다. "노력은 설명하는 것이 아니라 증명하는 것이다." 많은 의미를 담고 있는 말이고, 정확한 말이다. 내가 정말 좋아하는 말 중 하나고 나는 앞으로도 저 말을 깊이 새기면서 살아갈 테다. 사람들은 항상 자기 기준에서 노력이란 것을 설명하기 때문에 쉽게 지치기도 하고, 힘들기도 한 것이다. 그래서 무엇을 이루고자 할 때 그것을 입 밖으로 꺼내서 스스로 동기를 만드는 것도 정말 중요하지만 그것을 이루어 나가는 과정과 얻게 되는 결과 역시 중요하다. 그래서 결국 내가 원하는 것을 결과로 증명해 보였을 때 그것이 진짜가 되고 그간 내 노력을 증명할 수 있는 것이다.

내 지인 중 한 명은 아직 제대로 취업을 하지 않고, 이것저것 뭐든지 조금씩 하면서 정착하지 못한 채 하고 싶은 것만 엄청 많은, 좋게 말하면 아름다운 청춘이다. 내가 누군가의 삶을 판단할 수는 없지만, 이것 하나는 제대로 말할 수 있다. 하고 싶은 것이 많고 꿈이 많은 건 좋으나, 그것을 이루기 위한 노력을 하지 않고 말로만 하는 것은 내 기준에서 세상은 급속도로 바뀌고 있는데 그저 하늘만 보며 "세상 좋아졌네" 하는 것이나 다름이 없다.

세상에는 많은 사람이 존재하고, 그 사람들로 인해 세상이 바뀔 수도 있다. 그리고 그 세상을 바꾸는 사람이 나일 수도 있다. 인생은 아무도 모르는 것이기 때문이다. 나는 내가 세운 작은 목표들을 하나하나 이뤘을 때 누구에게 어떠한 말도 하지 않았다. 사실 결과를 보여주면 노력이라는 것은 말하지 않아도 알아서 느끼게끔 되어 있다. 그것이 증명의 힘이다.

나는 변명하는 것을 좋아하지 않는다. 사실 살아가면서 내 행동에 대해서 변명하지 않는 사람이 어디 있겠냐마는 "힘들다", "나 진짜 열심히 했는데"라는 식의 말은 정말 금지단어라고 생각하고 하지 않는다. 증명하지 못했다는 것은 그만큼 열심히 노력하지 않았던 것이라고 생각할 수밖에 없다. 짧다면 짧고, 길다면 긴 32년 차 인생에서 배운 것은 과정보다는 결과라는 것이다.

일론 머스크는 정말 세계적으로 큰 이슈와 화제를 몰고 다니는 인물이고 역사상 빠질 수 없는 위인 중 한 명이 되었는데, 그가 말하는 것들을 스스로 증명해내지 않았다면 지금 그 자리에 있을 수 있었을까? 나는 아니라고 본다. 물론 그 과정들과 본인이 했던 노력은 엄청났겠지만, 사람들이 그것을 알아주었을까 생각한다면 절대 아니다. 보이는 것만이 진짜라고 믿는 이 세상에서 결괏값이 없다는 것은 인정받지 못함을 의미하고 그것을 알기에 모든 사람들이 필사적으로 무엇인가를 해 낼려고 안간힘을 쓰는 것이다.

사람은 모두 다 각자의 상황들과 사정이 있다. 그래서 스스로의 발전을 위해 배우러 다니기도 하고, 여러 가지 사업장에 도움이 될 만한 정보들을 얻기 위해 찾아다니기도 한다. 물론 이 업계라고 다르지 않다. 특히나 피부샵 원장님들은 거의 만능이 되어야 할 정도로 온, 오프라인 모든 것을 다 스스로 할 수 있어야 하고 하루 24시간이 부족한 경우가 많다.

당연히 이 모든 것이 힘들고 버겁고 지금까지 해오지 않는 것들이라 하기 싫고 귀찮을 수도 있다. 내가 많은 원장님들을 만나고 고민을 듣다 보면 결국 본질은 "돈을 많이 벌고 싶다."인데, 원하는 것을 이루기 위해서는 참 고되고 힘들다는 것이다. 그래서 결국에 이 업계에서 장기적으로 살아남고 잘되는 분들은 "그럼에도 불구하고" 했기 때문이다. 모두가 비슷한 환경 속에서 이 핑계 저 핑계 대면서 미루고 합리화하는 것이 아니라 그럼에도 불구하고 했기 때문에 결과가 나오는 것이다.

사실 가슴에 손을 얹고 "인스타그램 눈팅 할 시간"은 무조건 있지 않나. 모두가 저기에 꽤 많은 시간을 쓰고 있을 것이다. (스스로만 모를 뿐) 하지만 남들을 보는 것도 내가 할 건 하고 보는 것과 해야 될 것도 하지 않고 보는 것은 차원이 다르다.

　세상에 안 바쁜 사람 없고 안 피곤한 사람 찾기가 더 드문 게 현실이다. 앞으로 누군가는 같은 상황에서도 그럼에도 불구하고 해내고야 말 테지만, 누군가는 이런저런 핑계들로 미루기를 반복할 것이다. 내가 해야 될 일들에 핑계나 변명을 넣지 말고, 열정이 오르기까지 기다리지도 말자. 열정은 막상 시작하면 생기게 되어 있다. 그러니 내가 무언가를 이루기 위해 엄청나게 고군분투했다면 그것은 결과로 나타날 것이고, 내가 일일이 말하지 않아도 그간의 값진 노력들이 함께 증명될 것이다.

03

상위 1% 사업가가
장착해야 될 태도 5가지

단순, 무식, 과격

결혼한 지 벌써 5년 차가 된 남편과 항상 연말이 되면 조그마한 식탁에 마주 보고 앉는다. 그리고 각자 먹고 싶은 배달음식을 시키고 제대로 셋팅을 하고 이야기를 시작한다. 매년 할 때마다 느끼는 거지만 정말 너무나도 신기한 것은 매번 마주 앉아서 하는 이야기들의 대부분이 다음 연도 연말에 마주 앉았을 때는 이미 이뤄지고 난 뒤라는 것이다. 우리는 특별하고 거창한 걸 하는 것이 아니다. 그저 서로 1년 뒤의 계획 그리고 우리의 상황들을 해결하기 위한 방법 등을 답이 나오지 않음에도 계속 이야기를 해 본다. 그리고 그것은 꽤 흥미롭다.

결혼 후 1년이 지나고 아이를 가졌고, 열 달 뒤 아이를 낳았을 때 우리는 상황이 꽤 좋지 않았다. 행복하기만을 기대했던 것과는 달리 금전적인 여유도 없었고 남편의 외벌이에 싸움도 잦아졌다. 그 조그만 입 하나

늘었다고 나가는 돈이 배가 되다니 왜 우리나라에서 돈 없으면 아기도 못 낳는다고 하는지 그때 정말 많이 느꼈다. 새벽마다 눈물을 훔치는 일 또한 많아졌다. 왜 산후 우울증이 오는지 어렴풋이 느끼게 되었다. 그해 연말 우리는 또 어김없이 마주 보고 앉았고, 수첩 하나를 꺼내 들었다.

"5년 뒤에 우리 차는 뭐 타고 있을까?" 너무나도 힘든 한 해였기에 막연한 것들을 이야기하면서라도 기분을 풀고 싶었던 모양이다. "음… 포르쉐? 벤틀리?" 내가 이렇게 얘기하자 남편은 헛웃음을 지었다. "얼만지나 알고 얘기하는 거야"라고 우스갯소리로 이야기했다. "얼만데?"라고 되물었고 가격을 대략 듣고는 그 와중에 남편의 월급을 쪼개 모아서 5년 뒤에는 얼마를 모을 것이고 그러면 아주 못 탈 것도 아니라고 큰소리로 떵떵거리며 이야기했고, 남편은 대수롭지 않게 여겼다. 그리고 나는 내가 하고 싶은 거 다 하고 살고 싶고 돈 많이 벌고 싶고 말한 것이 진짜 이뤄졌으면 좋겠다고 생각했고, 그런 결핍을 해소하고자 사업을 결심했다.

돈 한 푼도 없이 창업을 하겠다고 어린애처럼 징징거렸다. 심지어 대출을 받자고 했다가 남편한테 호되게 혼도 났다. 사업이 장난인 줄 아냐, 누가 너를 보고 어디서 돈을 빌려주냐부터 시작해서 엄청나게 잔소리를 해댔다. 사업계획서를 만들라고 했으며, 코로나도 터졌는데 굳이 지금 무리하면서 창업을 해야 되겠냐 신중해야 된다며 극구 말렸다. 남편뿐 아니라 우리 부모님, 시부모님까지 조금 더 생각해보라며 모두가 응원보다는 만류를 했다. 그때 만약 그렇게 흐지부지 끝났다면 내 인생은 어떻게 흘러갔을까.

하지만 나는 그때 젊었고, 무식했고, 열정 가득했다. 대출을 하면 갚으면 된다는 확신이 있었고, 설령 내가 실패하더라도 경험이고 다시 하면 된다고 단순하게 생각했다. 그래서 밀어붙일 수가 있었다. 결국 모두의 만류에도 불구하고 우여곡절 끝에 창업을 했다. 그리고 창업 3년 차가 된 올해 초 나는 집을 샀고, 포르쉐를 계약했다.

2

실천, 실천, 실천

우리는 모두 부자가 되고 싶어 한다. 그리고 부자가 되기 위해 노력한다. 하지만 모두가 부자가 되진 않는다. 평범한 사람이 부자가 되는 일은 이제 더 이상 어려운 일이 아니지만 누구나 부자가 될 순 없다. 그것은 한 끗 차이로 결정된다. 나는 그 한 끗 차이가 단순함과 무식함이라고 결론을 지었다.

어렸을 적 나는 갖고 싶은 게 있거나 하고 싶은 게 있을 때마다 항상 안 된다는 말을 듣고 살았다. 이것은 부모님의 잘못이 아니다. 부모님의 입장에서는 그럴 수밖에 없는 환경이었기 때문이다. 남들과 다르게 행동하거나 튀는 행동을 하면 매번 제지를 당했다. 그래서 쓸데없는 눈치가 빨라졌고, 익숙한 것을 좋아하지만 새로운 것을 접할 때는 설렘보다는 걱정과 두려움으로 선뜻 행하지 못하는 일들이 많았다. 그래서 같은 출발선에 있었지만 유유히 나를 앞서 나가는 많은 사람들을 보았으나 그때까지만 해도 나는 내가 뭐가 문제인지 몰랐고, 그 사람들은 도대체 왜 나보다 앞서 나갔는지 몰랐다. 그렇게 이유를 찾지 못하다가 내 인생은 창업을 하면서 완전히 달라졌다. 돌다리도 너무 많이 두드리다 보면 뒤에서 기다리던 다른 사람들이 먼저 지나간다는 사실을 느끼게 되었다.

나는 결혼을 하고 아이를 낳고 난 후 독박육아를 하면서 창업을 결심했다. 다행히도 익숙한 것을 좋아하는 나였지만, 아이러니하게도 모험을 즐기는 나는 단순하고 무식했다. 하지만 상황이 좋지 못했다. 코로나가 터졌고 언제 끝날지도 모르는 상황이었기 때문에 주변 모든 이들이 만류했다. 내가 만약 그때 늘 하던 걱정과 두려움으로 그것을 미루거나 포기했다면, 아마 지금의 나는 없었을 거라고 생각한다. 나는 그 순간 너무나도 단순하고 무식한 선택을 했다. 모든 결정은 스스로가 하는 것이고, 모든 상황은 내가 직접 겪어야 하고, 모든 책임 또한 내 것이다. 그리고 이 모든 것들을 하려면 꼭 대단한 생각이나 대단한 행동들이 있어야 된다고 생각하는 사람들이 많을 것이다. 하지만 때로는 "되든 안 되든 일단 해 보자", "에라이 모르겠다" 하고 뛰어드는 것이 나는 더욱더 큰 성과를 낸다고 확신한다. 나처럼 평범한 사람이 돈을 벌고 싶고 부자가 되고 싶다면 더더욱.

내가 좋아하는 말 중에 아는 것은 힘이 되지만 실천은 돈이 된다는 말이 있는데, 참 짧지만 모든 것이 담겨 있는 말이다. 이 일을 하면서 나는 같은 업계 종사자를 많이 만났다. 그중 엄청나게 똑똑한 사람, 경험을 엄청나게 많이 한 사람 그리고 경력이 많은 사람 등등 다양하고 대단한 사람들을 많이 만났다. 하지만 아이러니하게도 대단한 사람들임에도 불구하고 대단해지지 않았다는 것이다. 왜 그런지 생각해봤는데 답은 하나였다. 대단해지기 위한 실천을 하지 않았다는 것이다. 똑똑하고 아는 것은 많았지만 단순 무식하지 않았다. 이 시대는 더 이상 행동하지 않는 나를 알아봐주는 시대가 아니다. 내가 움직이지 않으면 아무 일도 일어나지 않는다. 내 이미지, 내 경력, 내 능력은 내가 만들어가는 것이다.

이제는 누구나 "장인"이 될 수 있는 시대라는 사실. 잘될 거라는 확신이 들어야 움직이는 사람들이 있다. 나는 그것이 부질없는 생각이라는 것을 다행히도 꽤 빨리 깨달았다. 누군가는 내가 고민하고 있는 사이에 뛰어들었을 것이고, 그로 인한 모든 성취는 그 사람의 것이 되었을 것이다. 물론 모든 상황들이 성공일 순 없다. 하지만 해 보지도 않고 후회할 바에는 해 보고 후회하는 것이 백배는 낫다고 생각한다. 단언컨대 확신이라는 것은 내가 만드는 것이지 해 보지 않고 절대 가늠할 수 없는 것이다. 내가 행동하지 않으면서 남들을 평가하거나, 까 내리면서 내 행동을 정당화하는 사람들을 많이 보았다. 항상 이루고자 하는 것도 많고 계획도 많은 사람들을 많이 보았다. 하지만 결국 행동하는 사람을 이길수 없다는 것을 나는 이 글을 쓰고 있는 지금도 느끼고 있다. 나는 내 이야기 그리고 내 메시지를 전하기 위해 책을 써야겠다고 생각한 지 꽤 오래됐다. 아직도 내가 책을 써야겠다고 계속 생각만 했다면 결코 내가 이루고자 하는 것을 이루지 못했을 것이다. 나는 지금 내 계획을 이루고자 행동을 하고 있는 것이다. 어떤 식으로든, 그 상황 속에 나를 집어넣은 것이다.

내가 차를 사고 싶으면 사면 된다. 집을 사고 싶으면 사면 된다. 대부분의 사람들이 돈이 어딨어서 사냐, 돈 모아서 사야지란 생각을 한다. 하지만 정말 차를 사고 싶고 집을 사고 싶다면 사고 나서 방법을 찾는다. 얼마만큼 내가 행동했느냐, 얼마만큼 내가 절실했느냐에 따라서 작은 차이가 인생을 바꾼다. 일이건 내 목표건 막연한 건 있을 수 없다. 두루뭉술한 인생은 살지 말길 바란다. 나는 30년 동안 인생을 두루뭉술하게 살아왔다. 막연했고, 순간의 일탈들로 하루하루를 보냈다. 내가 하고자 하는 것에 있어서 결국 주체는 "나"라는 사실을 절대로 잊지 말자. 내 인생은 나로 인해 잘될 수도, 안될 수도 있는 것이다. 결국 아무것도 하지 않으면 아무 일도 일어나지 않는다. 부자가 되고 싶다면 남들보다 한 발 더 먼저 행동하고 실천해라. 그리고 내가 놓친 무수히 많은 기회와 상황들을 생각해라. 그 기회를 누군가는 반드시 잡았을 것이다.

나는 더 이상 같은 실수를 반복하지 않기 위해서, 무언가 해야 될 때가 왔을 때 어떠한 생각조차 하지 않고 일단 해 보는 버릇이 생겼다. 아직 겁도 나고 두렵기도 하지만 나는 알고 있다. 내가 직접 해 보지 않고는 어떠한 것도 알 수 없다는 사실을. 어렸을 때 그렇게 뭐만 하면 안 된다고 했던 부모님과 주변 사람들이 이제는 내가 뭐만 하면 추진력이 좋고, 역시 너니까 잘될 줄 알았다고 한다.

결국 사람들은 결과만 본다는 것이다. 이 결과는 내가 직접 들이받지 않으면 절대로 얻을 수 없는 것들이기에 그것이 모험이라도 일단은 해 보는 것이 제일 중요하다. 망설이지 마라. 안 되면 그만, 잘 되면 나이스다. 어떤 것도 내가 직접 해 보지 않고 판단하지 말고, 다른 사람들의 조언은 들으나 그것을 100% 믿지도 마라. 그것은 지극히 주관적이기 때문에 결국에는 내가 느끼는 것이 제일 빠르고 확실한 지름길이다. 한 번 사는 인생 복잡할 거 뭐 있나, 단순하고 무식하게 하고 싶은 거 다 하면서 살되, 안 해 보고 후회하는 삶은 살지 말자.

3

꾸준함과 초심

"성공으로 가는 엘리베이터는 고장입니다. 당신은 계단을 이용해야만 합니다. 한 계단, 한 계단씩." 세계 최고의 자동차 딜러 영업왕 조 지라드가 이렇게 말했다. 결국 성공을 위해서는 떡상이라는 것이 없다는 것과 부단히 정말 부단히 해야 된다는 것이다.

필자는 조바심도 많고 욕심도 많은 타입이라, 무엇인가 시작을 하면 빨리 무언가를 증명하고 싶고 잘되는 것을 보여주고 싶어 했다. 하지만 마음은 굴뚝같은데 뭐부터 해야 될지를 몰랐고, 갑자기 하루아침에 잘될 수도 없었다. 대부분의 사람들은 빨리 뭔가를 이루고 싶어 할 것이다. 빨리 성공하고 싶을 것이다. 하지만 현실은 그렇지 않다. 나는 그것을 무언가를 이루고서야 알게 되었다.

매일매일 씨를 뿌리는 마음으로 비즈니스에 임해야 한다. 짧은 시간 안에 당신의 가게를 사람들의 머릿속에 각인시키기 쉽지 않다. 따라서 매일 인스타그램, 페이스북, 블로그에 꾸준히 비즈니스에 대한 이야기를 가감 없이 올리도록 하자. 사람들은 광고성 글이라 무조건 피할 수 있다. 전하고자 하는 메시지를 정확하고 진솔하게 남겨보자. 누군가의 마음을 건드리고, 꾸준함이 느껴질 때 조금씩 고객들은 여러분의 이야기에 귀를 기울일 것이다.

국회의원, 영업사원들의 공통점은 무엇일까? 조금만 생각해보면, 그들은 만나는 사람 한 명 한 명에게 다가가 인사를 건넨다. 정치인은 만나는 사람 한 명 한 명이 자신의 지지자가 되어줄 수 있음을 안다. 그리고 영업사원은 만나는 사람들이 자신의 잠재적 고객이 될 수 있음을 염두에 두는 것이다. 마찬가지이다. 우리도 그들의 좋은 태도는 본받아야 한다.

사업을 시작한 여러분은 "○○○의 대표이다" 여러분 자체가 명함이고 간판이다. 따라서 만나는 사람 한 명 한 명에게 겸손한 태도로 인사를 건네고, 그들을 섬기려 해야 한다. 만나는 그들로 하여금 직접적인 수익이 발생하지 않더라도, 입소문이 날 수도 있고 사람들 마음속에 당신의 사업이 기억될 수 있기 때문이다.

초심을 잃지 않는 것도 중요하다. 사업 초기, 첫 손님을 맞이했던 감격적인 순간들이 있지 않은가? 처음 비즈니스를 시작하고, 첫 매출을 올린 순간은 어렴풋하지만 기억 속에 있을 것이다. 첫 고객에게 성심성의껏 최선을 다해 그들의 필요를 채우려 했을 것이다. 혹, 시간이 지나면서 그때의 마음은 사라지고, 단지 돈벌이 수단으로 사업이 아닌 장사를 하고 있지는 않은지 살펴볼 필요가 있다.

초심을 잃은 사람들을 보면 기분이 태도가 되는 사람들이 보인다. 상대방은 절대로 내 기분이 어떤지 알 수 없다. 그것을 드러내고 표출하는 것만큼 아마추어 같은 일도 없을 것이다. 초심을 잃는다는 것은 더 이상 주변에 감사하는 마음이 없어질 때 오는 것이다. 누구의 덕분도 아닌 오로지 내 덕에 이 모든 게 이뤄졌을 것이라는 자만심이 곧 독으로 돌아오게 된다는 것을 그때는 모른다.

그러니 매일 마인드셋을 제대로 해야 하고, 일을 처음 시작할 때의 마음을 떠올리며 감사함이 일상이 될 수 있도록 하자. 개인적인 근심 걱정이 있더라도 잠시 덮어두고, 프로다운 모습을 가져야 한다.

마지막으로 '한몫 잡아보자'라는 마음은 버려야 한다. 물론 우연히 큰 금액의 프로젝트를 맡아 일할 기회가 있을 수 있다. 참 감사한 일이다. 그런데 이러한 경우, 평소 수익보다 훨씬 많은 돈을 벌 수 있다는 생각에 이 항목 저 항목에 금액을 증액하는 경우가 있다. 당신이 그 분야의 독점적인 위치에서 사업을 영위하는 경우가 아니라면, 고객은 당신의 흑심을 언젠가 알아차릴 수 있다. 한몫을 잡을 수는 있다. 중요한 것은 정말 '한몫'만 잡고, 그 이후에는 그런 기회가 오지 않을 수 있다. 큰 프로젝트를 당신에게 맡기는 고객사가 있다면, 꾸준한 사업 비즈니스 파트너로 성장할 수 있도록 윈윈 전략을 세우도록 하자.

전자제품 대리점을 운영하는 분이 있다. 그분이 어느 날 지역의 한 공공기관에 공기청정기를 대량으로 판매하게 되었다. 그는 공공기관의 예산에 맞게 금액을 조정해 준 것은 물론이고, 이후 공기청정기의 필터를 1년간 무상으로 방문 교체해 주고, 기관 방문 시 공기 정화 식물을 들고 인사를 했다고 한다. 이후 어떤 일이 벌어졌겠는가?

해당 공공기관에서는 꾸준히 필터 교환을 그분의 사업장에 맡기게 되었고, 다른 기관에까지 소문이 흘러들어 매출은 꾸준히 우상향하고 있다고 한다. 그뿐만 아니라 공기청정기에서 다른 제품 판매에까지 영향을 주고 있다고 한다.

얼핏 보면, '손해 보고 장사하는 것 아냐'라고 생각할 수 있다. 그렇지 않다. 세일즈의 핵심은 사람의 마음을 얻는 것이다. 신뢰를 얻게 되면, 그 이후로는 충성고객이 되는 것이다. 고객을 찾기 위해 많은 돈을 마케팅, 홍보 비용으로 사용하고 있지 않은가? 그 비용의 일부를 기존의 고객을 위해 사용하는 것이다. 어쩌면 기존 고객을 챙기는 것이 더 효과적인 사업 전략일 수 있다. 보통 잡은 물고기는 보살피지 않는 경향이 있지 않은가.

　꾸준함. 말은 쉽지만, 실천이 쉽지 않다. 누구나 꾸준하게 무엇인가를 해야 된다는 것을 알지만 꾸준함이 제일 어렵기 때문에 그렇게 하는 사람들이 빛을 보게 되는 것이다. 누구도 아닌 나의 것임에도, 그것이 안 되는 경우가 허다하다. 많은 경영주분들을 만나서 소통을 하다 보면, 오히려 당사자보다 내가 더 그 사업장에 관심이 많고 애정이 있는 경우도 있다. 하지만 그것은 누구도 대신해 줄 수 없는 것이다. 꾸준함의 대표적인 챌린지도 많이 보았을 것이다. 도서스터디나 미라클모닝, 운동 등 여러 가지 꾸준함을 이루기 위해 단체로 같이 하는 것인데, 사실상 그런 것보다 중요한 것은 내 샵을 위해 내가 당장 꾸준하게 할 수 있는 것부터 찾아야 한다. 그리고 그것을 꾸준하게 행했을 때 수익이 된다.

4
피와 땀과 눈물

창업은 아무나 할 수 있지만 아무나 하면 안 되는 것 중 하나다. 그저 남 밑에서 일하기 싫어서, 직장생활도 질리고 돈을 더 많이 벌고자 쉽게 생각하고 시작한다면 결과는 안 봐도 답은 정해져 있다고 본다. 많은 경영주분들을 만나면서 사업이라는 것을 쉽게 생각하시는 분들이 많구나 하는 것을 느꼈다.

한 경영주는 적은 투자로 큰 수익이 돌아오길 원했다. 예를 들면 100원을 쓰고 1,000원으로 돌아오길 원하는 것이다. 솔직히 말해서 적은 투자로 많은 돈을 벌 수 있다면 정말 베스트겠지만 현실은 그렇지 않으며 신은 공평하다. 애초에 그런 것을 기대하는 것 자체가 도둑놈 심보. 또한 경영주는 돌아올 거 생각하지 않고 과감하게 투자한다. 거기에 대한 기대 또한 크지 않은 채로 그저 투자는 당연한 거고, 그 기회비용만큼

079

열심히 하겠다는 마인드로 시작을 한다.

이 글을 읽는 독자라면 과연 어느 쪽이 더 원하는 대로 성공을 할 수 있으리라 보는가? 과연 나는 전자와 후자 중 어떤 마인드를 가진 사람인가? 모두가 나는 후자라고 대답할 수는 있겠지만 막상 현실로 다가오면 대부분이 전자에 속할 것이다. 당장 나가는 월세, 관리비, 유지비 등의 압박감에 시달릴 것이기 때문이다.

샵을 운영하면서 마케팅의 목적으로 쓰는 돈은 사실 꽤 부담스럽기도 하고, 돌아올지 안 올지 모르는 돈이기에 선뜻 투자하기가 두렵기도 한 것은 사실이다. 그러면 하는 만큼 결과가 안 나오는 것에 대한 기대 또한 없어야 한다. 그런데 사람은 하는 것도 없이 결과가 나오기를 기대하는 것이 팩트다.

투자라는 것이 꼭 돈만이 아닐 수가 있다. 그것은 나의 시간일 수도 있는 것. 얼마큼 스스로가 애정을 갖고 노력하며 많은 시간을 썼느냐에 따라서도 달라지는 것이다. 화려해보이고, 돈을 쉽게 버는 것 같아도 매일매일을 치열하게 살아가는 것이 바로 1인 기업인들이다. 모든 것을 혼자 할 수 있어야 하기 때문이다.

혹시라도 사장 소리가 듣고 싶어서, 대표님 소리 듣고 싶어서 사업을 하시는 분들은 없길 바란다. 사업을 하면서 많은 일들을 겪게 되는데 한

가지 알아야 할 것은 좋은 일은 지극히 순간적일 뿐이라는 것. 그리고 창업을 준비 중인 분들은 그 한 부분만을 보고 창업하면 모든 게 일사천리로 잘되리라 믿는 것이다. 보이지 않는 피, 땀, 눈물은 드러나지 않기 때문에. 여기까지 읽으신 분들은 '그래서 창업을 하라는 거야 말라는 거야'라고 생각할 수도 있다.

필자가 좋아하는 세계적인 부자 중 한 사람, 테슬라 CEO 일론 머스크는 창업을 준비 중인 사람들에게 이렇게 말했다. 절대로 쉽게 생각하지 말라고, 미친 듯이 일해야 된다고, 그렇게 하지 않을 거면 시작도 하지 말라고, 굉장히 외롭고 고독하고 힘들다고.

확실히 열심히 하고 노력하면 결과는 나올 수밖에 없다. 하지만 어떤 환상을 가지고 있든 그 환상은 무조건 깨질 것이라는 것은 알고 시작해야 한다는 것. 사업이라는 것은 꽤 흥미진진하고, 스펙타클하고 시간과 돈에서 자유로워질 수 있는 확률은 높지만 아무런 노력 없이 투자 없이 기회비용 없이 이룰 순 없다. 그래도 하고 싶다고? 그렇다면 나를 찾길 바란다.

5

기회는 가까이

호기심이 많은 저자는 창업을 결심하고서는 그와 관련된 정보들을 이곳 저곳에서 수집하기 시작했다. 그때는 모두가 많이 보는 채널들 그리고 검색어들을 마구잡이로 검색하며 정보를 찾기 시작했다. 네이버, 구글, 유튜브 등 할 수 있는 정보의 장에서 열심히 헤엄을 치다가 생각지도 못한 곳에서 만난 이에게 시간이 멈추었다.

유튜브에서 처음 연관 영상으로 뜬 것 하나가 인생을 바꿔 놓으리라고 생각이나 했을까, 심지어 다른 채널을 구독해서 항상 보고 있었던 상태였고, 연관으로 뜬 영상은 썸네일이 너무 자극적이라 볼 생각조차 하지 않았다. 그러다가 실수로 누른 영상 하나를 보고 난 뒤 그 채널의 모든 영상을 밤을 새워 정독했다. 그리고 그날 새벽 채널의 주인공을 만나야겠다고 다짐을 했다.

다음 날부터 어떻게 하면 만날 수 있을까 하는 생각에 사로잡혀 있었고, 네이버 카페를 가입하고, 교육이 있다는 것을 알게 되어 교육을 신청하려는 찰나에 남편의 반대에 부딪혔다. 코로나가 막 터졌을 때고, 심지어 적은 비용 아닌 비용을 지급하면서까지 갓난아이를 두고 가야 하냐고 반대했고, 그런 가운데 철부지 아이처럼 조를 수만은 없었다. 하지만 이미 머릿속에는 그 사람을 무조건 만나야 한다는 생각이 떨쳐지지 않았고 어떻게 해서든지 가야 했다. 수개월간 온갖 설득으로 우여곡절 끝에 원하는 사람을 만났고, 그 선택으로 인해 인생은 360도 바뀌게 되었다. 모든 시작은 '이 사람을 만나야겠다'에서 시작되었다.

대부분 사람이 남들이 가던 길 그리고 안전한 길들을 선호하고 확신이 있는 쪽으로 내가 가야 할 방향을 선택한다. 그리고 그 길 말고 이미 잘된 사람들이 가득한 지름길도 존재한다. 여기는 마음대로 가고 싶다고 올라탈 수 없는 길이다. 그리고 또 다른 하나의 길이 있는데 이 길은 보이지 않는 길이다. 어디서 나타날지도 모르고, 내가 걷는 이곳이 길이 될 수도 있는 길이다.

원래 알던 길은 기존의 방식처럼 안전한 경영, 그리고 남들이 다 이미 경험해서 데이터가 쌓여있는 길이었다. 그대로 차곡차곡 행한다면 못해도 평균은 유지할 수 있는 평탄한 길이었다. 그러나 저자가 원하는 것은 누구나 다 하는 평균을 유지하는 일들이 아니라 굴곡 있고 평탄하지 않더라도 폭발적인 무엇인가를 이루고 싶다는 것에 늘 목이 말라 있었다. 그리고 그 갈증이 그 한 사람으로 인해 해결되었고, 누구도 쉽게 가지 않았던 길을 선택했다.

인생은 어디서 어떤 계기로 어떤 타이밍으로 흘러가게 될지 아무도 모른다. 무언가를 보고 시간이 멈추거나 어떤 방향이 내가 원하는 방향과 일치하는 것 같을 때는 확신이 들지 않더라도 일단은 그곳으로 가보는 것. 그것이 누구든 나에게 영향을 줬다면 그가 하는 생각을 온전히 듣고 느끼기 위해 만나러 가는 것. 그것이 기존이 아닌 새로운 길에 들어서는 시작이 될 것이다.

결국, 생각하기 시작했다는 것은 무의식에 들어왔다는 것이고, 그것은 그 생각을 현실로 만들지 않으면 없어지지 않는 머릿속의 조각들이다. 단지 만나고 싶었고 그리고 만나기 위해 방법을 찾았고, 그 속으로 들어가게 되었다. 그리고 지금은 그 속에서 또 다른 길을 찾아서 가기 위해 노력 중이다.

무엇이든지 내가 원하는 것을 이루기 위해서는 단 한 가지의 방법만 있는 것은 아니다. 여러 가지 방법들이 있지만 내가 보지 못했을 수도, 내가 놓치고 있을 수도 있다. 지금과 다른 삶을 살기 위해서는 남들과 다른 시각으로 세상을 볼 때, 비로소 달라질 것이다.

04

상위 1% 사업가의
페르소나

1

- - - - - - - - - - - - - - - - - - -

프로 사업가

사업을 오랜 기간 유지하며 상위 1%의 삶을 살고 있는 경영주분들을 만나면서, 그들의 공통점이 무엇일까 나름 정리를 해 보았다. 그들을 분석하고 지혜를 배우는 것이 시간을 아끼는 방법이며, 중요한 사업 방향이라 생각된다. 소위 '프로 사업가'의 공통점을 총 4가지로 정리해 보려 한다.

첫째, 귀는 열고 입은 무겁게. 다른 사람의 말을 함부로 옮기지 않는다는 원칙을 지키는 것이다. 가끔 술을 마시거나, 편한 사람들을 만나다 보면 다른 사람에 대한 이야기가 자연스레 흘러나오는 경우가 많다. 다시 말해, 긴장 상태가 풀리면 소위 뒷담을 하는 사람들이 있는데, 내가 만난 사장들은 철저히 말을 아낀다. 그만한 이유가 있었을 것이라며 말수를 줄인다.

또한, 누군가 자신의 입장에서 억울한 부분을 이야기하면, 공감을 해주지만 다른 편을 욕하거나 손가락질하지 않는다. 말의 전파력은 놀랍지 않은가. 말의 위력을 알고 화살이 되어 돌아올 말을 하지 않는 것이다. 심지어, 절친과 가족들에게도 누군가의 험담을 하는 것을 자제한다고 한다. 삶의 원칙처럼 여기는 것이다.

저자도 말의 무서움을 살면서 많이 느꼈다. 내가 누군가를 향해 비난의 화살을 꽂으면 그대로 돌아오더라. 그것을 인지하느냐 못 하느냐도 굉장히 중요하다. 그래서 누군가 나에 대해 비난한다면 이제는 이렇게 생각하기로 했다. '모든 것은 내가 부족해서다.'라고.

둘째, 다른 사람의 시간을 산다. 상권의 분석, 유동인구 등의 자료를 분석 정리해서 소상공인에게 빅데이터를 제공하는 어떤 이는 자신이 가장 잘할 수 있는 일만 한다. 다시 말해, 세금, 마케팅 분야는 모두 외주를 맡긴다. 세금신고를 하느라 전전긍긍했던 자신의 경험을 떠올리며 그 시간과 에너지를 본업에 몰입하는 것이 나은 선택이라 판단한 것이다. 그리고 회사의 소프트웨어를 알리는 홍보와 마케팅 역시 전문 외주업체를 통해서 관리하고 있다. 자신을 포함해 2명의 엔지니어는 오로지 기술 개발에 매진한다고 한다.

물론, 내가 관여하지 않고 사람 쓰는 부분을 몰라서는 안 된다. 특히나 1인 사업가라면 모든 것을 스스로가 할 줄 아는 상태에서 사람을 써야 한다. 그래야 사람을 쓰는 것에 대한 의존도가 높지 않다. 물론 그 분야의 전문가처럼 모든 것을 낱낱이 알아야 된다는 말도 아니다. 기본적인 원리나 그 사람이 없더라도 내가 어느 정도는 해나갈 수 있는 정도의 지식은 기본이라는 것. 그랬을 때 그 돈이 배가 되어 돌아오지 그렇지 않았을 때는 밑 빠진 독에 돈 붓기다.

셋째, 경쟁보다 파트너쉽. 뉴스를 보면 대기업 총수들이 함께 담소를 나누는 장면을 종종 볼 수 있다. 그들의 속마음이야 속속들이 알 수 없지만, 함께 인사하며 담소를 나누는 관계에 있음은 알 수 있다. 경쟁업체가 들어서면 많은 분이 날을 세운다. 그런데 소위 프로 사장님들은 먼저 찾아가 인사를 건넨다고 한다.

중국 상인들을 보라. 세계 어디를 가도 차이나타운을 형성하는 것을 보면 알 수 있다. 소위 경쟁업체가 한 골목 안에 줄지어 있어 서로에게 매출 감소가 될 환경인 듯하다. 그러나 상황은 오히려 반대이지 않던가. 도시를 형성하면서 사람들이 더 몰리게 되는 것이다.

물론 이러한 여유로운 마음을 가지려면 자기 비즈니스에 대한 경쟁력 확보가 우선 해결되어야 할 것이다. 경쟁력이 없고, 누구나 할 수 있는 서비스를 제공한다면 경쟁업체가 위협 요소가 될 수 있기에 부담이 될 수밖에 없다. 공급이 늘어나면 수요도 늘어난다. 스타벅스만 해도 같은 동네에 몇 개가 있나. 하지만 어느 곳이나 수요가 생긴다. 업계의 질과 수준을 높이는 것은 혼자 죽어라 해서 되는 문제도 아니다. 앞서 언급했듯이 같이 가야 멀리 간다.

마지막으로 결핍을 파악하기. 어떤 상품을 파는 데 있어서 결과적으로 이 상품을 "누가" 사는 것인지가 중요하다. 아픈 사람에게는 약이 필요하지만 건강한 사람에게 약은 아무 필요도 없는 것이다. 그렇기 때문에 어떤 것을 팔든 그것을 필요로 하는 사람에게 팔아야 팔린다. 문제는 사실 만들면 만들 수 있다. 현시대에 사는 많은 사람들은 결핍투성이다. 남들이 다 하는 건 해야 직성에 풀리고, 소외되는 것을 극도로 싫어한다. 어떤 시각으로 어떻게 접근하냐에 따라서 그 사업은 성공과 실패로 나뉘게 된다.

여드름 전문 샵이 있다. 그 샵의 관리 금액은 300만 원이다. 여드름 피부가 아닌 사람은 미쳤다고 할 수도 있다. 하지만 여드름 때문에 평생 스트레스를 받고 트라우마가 생긴 사람에게 300만 원은 당연히 쓸 수 있는 금액이다. 그렇기 때문에 타켓을 명확히 하고 타켓이 원하는 것이 무언지, 어떤 것을 타켓에게 줄 수 있는지를 파악한다면 어떤 상품을 판다고 하더라도 그 사업은 성공하는 것이다.

프로 사업가들의 공통점을 살펴보았다. 저자 역시 현재 프로 사업가가 되기 위한 과정 속에 있다. 그리고 프로 사업가가 되기 위한 행동들과 습관들을 갖추기 위해서 항상 노력을 해오고 있다. 그들과 같은 생각과 행동을 하다 보면 그렇게 될 것이라고 믿기 때문이다. 아마추어와 프로의 차이는 사실 "디테일"이다. 아무도 보지 못한 것들을 그들은 본다. 그리고 그것을 보기 위해 단련한다.

소위 인정받는 사업가들에게는 특별함이 있고, 나름의 소신이 있다. 당신은 어떠한가. 잠시 책을 덮고 자신을 객관적으로 살펴보는 시간을 가져보면 어떨까. 이 책을 통해 배우고, 느낀 것 그리고 향후 실천할 점들을 정리해 보길 바란다. 이 책을 통해 한 단계 성장하길 바라는 저자의 진심 어린 마음이 전달되었으면 하는 바람이다.

2

순수한 바보

우아하고 품격 있어 보이기 위해, 실제보다 과장되게 자신을 포장하는 '고상병'에 걸려 있는 사람들을 종종 본다. 상품과 서비스에 대해 쉽게 표현할 수 있는 단어들이 많음에도 좀 더 우아하고 소위 있어 보이기 위해 포장하고 뜬구름 잡는 이야기를 종종 한다.

무언가를 팔기 위해서는 직접적이고 구체적으로 고객에게 이야기할 수 있어야 고객은 이미지를 머릿속으로 그릴 것이고 한번 써 봐야겠다는 생각을 한다. 입장 바꿔서 여러분이 고객이라면 과연 뜬구름 잡는 소리만 해대고 전문용어만 주야장천 쓰는 판매자에게 물건을 사고 싶겠는가?

전문가라 하면, 어려운 이야기를 고객의 눈높이에 맞게 풀어서 쉽게 설명할 수 있는 사람이다. 고객은 이해할 수 있는 이야기를 듣고 '나에

093

게 필요한 제품, 서비스일까'를 판단한다. 애매한 표현, 학술적이고 업계의 사람들만 사용하는 단어를 쓴다면 있어 보일 수는 있을지 몰라도 고객은 불편하다. 예를 들어 모니터를 판매하는 두 사람이 있다.

A 판매자: "이 모니터의 화면은 흔히 광고에서 들었던 아몰레드가 적용되어 있어요. 쉽게 설명하면 아몰레드는 가장 실물을 잘 구현한 화면입니다. 기존 LCD와 달리 선명하고 색상의 구현도 다양하게 하지요. 예전의 기술로 실제 화면 색상을 60% 구현했다면 지금은 거의 90% 가까운 셈이지요. 또 아몰레드는 효율적인 전력 소모로 오랜 시간 스마트폰을 사용할 수 있는 최적의 디스플레이입니다. 기존 LCD 화면과 비교해 볼까요."

B 판매자: "아몰레드는 자체 발광 방식이므로, 픽셀 하나하나가 스스로 빛을 내며 색상을 표현합니다. 따라서 이미지를 표시할 때 필요한 픽셀만 빛을 냅니다. 검은색 화면을 보여줘야 할 때는 아예 픽셀을 켜지 않기 때문에 전력 소모를 확실하게 줄일 수 있는 원리지요. 반면, LCD는 액정을 통과한 백라이트 빛이 컬러 필터를 지나면서 색을 구현하는 방식이기 때문에, 검은색 화면을 표현할 때에도 백라이트는 항상 켜져 있어서, 어떤 화면에서도 항상 동일하게 100% 전력을 소모하게 됩니다."[2]

2 https://news.samsungdisplay.com/1199 인용

구매자의 배경 지식에 따라 이해의 정도는 다를 수 있지만, 일반적으로 구매자는 어느 쪽에 더 친근함을 보일까? 당연히 A이다. 소비자의 눈높이를 맞춘 설명이기 때문이다. 적절한 비유와 수치로 설명하는 것은 소비자 관점에서 내용을 이해하기 수월하다.

그 분야의 지식을 쌓고 공부하고 배우고 익히는 것은 너무나도 중요하다. 하지만 '10을 배워서 1도 제대로 전달하지 못하는 것은 안 배우니만 못하다.'라는 것도 알아야 한다. 내 머릿속에서만 떠다니는 지식들을 제대로 전달하지도 못한다면 과연 전문가라고 할 수 있을까. 오히려 1을 알고 1을 제대로 전달하는 것이야말로 진짜 전문가라고 생각한다.

혼자 알려고 배우는 건 아니지 않나. 결국 모든 것은 돈을 벌기 위함이고 누군가에게 메신저의 역할을 하기 위함이다. 그러니 전달함에 있어서 아는 척도, 똑똑한 척도 과감히 없애야 한다. 초등학교 6학년이 들어도 알아들을 수 있도록 전달하는 것이 프로다.

저자는 항상 새로운 정보나 지식을 습득함에 있어서 하는 행동이 있다. 바로 제일 가까운 가족을 이용하는 것이다. 남편은 내 업에 대해서 단 하나도 알지 못하는 사람이다. 그래서 좋은 테스트 대상이다. 누군가에게 정보를 전달하고 알려주는 입장이다 보니 그들에게 어떻게 제대로 전달할 수 있을까를 종종 고민하게 된다. 그럴 때마다 내가 하는 것은 남편에게 먼저 설명을 해 보는 것이다. 그렇게 주변 환경을 활용하다 보면 확실히 무엇인가를 전달함에 있어서 엄청난 도움이 된다.

혹시라도 스스로가 '고상병'에 걸려 있다면, 제품과 서비스 판매가 안 되는 건 당연하다. 자신의 전문성을 전달함에 있어서 이런 부분들을 고쳐 나간다면, 소비자는 진짜 전문가라고 신뢰하게 될 것이다.

3

세일즈 우먼

판매영업은 직접 고객을 만나 그들에게 상품을 소개하고 판매하는 힘든 분야의 일이다. 따라서 젊은이들은 판매직이 자신의 적성에 맞다 하더라도 판매 실적에서 오는 스트레스 등으로 인해 피하는 경향이 있다. 상품판매에 대한 중압감, 실적에 대한 스트레스, 철저한 이미지 관리 등은 영업사원이면 누구나 겪는 고충이다.

금융상품, 보험, 자동차, 화장품 등을 판매하는 영업사원을 만나본 적이 있는가? 필자는 초면에 짧은 시간을 만났지만 좋은 인상을 주는 사람들 가운데 영업사원이 많음을 발견할 수 있었다. 영업사원들의 어떠한 언행이 고객에게 감동을 주는 걸까?

첫째, 그들에게는 상품 판매라는 분명한 목적이 있다. 그러나 상품 판매에 초점을 두는 사람은 아마추어이다. 프로는 만나는 사람의 마음을 먼저 얻고자 노력을 한다. 다시 말해, 보험세일즈라면 보험 판매 건수를 높이는 데 목적이 있는 것이 아니라, 사람의 마음속에 자신의 존재를 알리고 공감대를 넓혀가며 유대감을 높이는 데 중요한 목적이 있다. 우리나라 사람들은 언론매체의 광고 힘보다 지인들의 입소문에 의해 특정 상품을 구매하는 경향이 많다고 한다. 즉 친한 사람의 말을 신뢰하고 자연스럽게 상품 구매로 이어진다는 것이다.

우리가 어떤 사람과 친해지고 싶을 때, 분명 목적이 있을 것이다. 그런데 친해져야 하는 목적이 앞선 인간관계는 모래성과 같아 금세 무너지게 마련이다. 먼저 그 사람과 진심으로 친해져라. 그러면 자신이 원하는 것 이상의 것을 얻을 수 있다. 그리고 명심해라. 인간관계는 제로게임이다. 받은 만큼 주어야 한다. 그리고 먼저 주었다면 잊고 기다려라. 언젠가 자신이 쌓은 덕이 2배 3배로 돌아올 것이다.

둘째, 매너가 사람을 만든다. 전화를 받을 때, "안녕하세요. ○○○입니다."라고 밝히는 것. 자신이 잘못한 것에 대해서는 즉시 사과하는 태도. 약속하고 약속 당일이 되면 미리 문자메시지를 주는 배려. 굴욕적이지 않으면서도 당당한 자세. 고객들과 대화할 때 경청하고자 하는 노력. 조금 언짢아도 적절한 유머로 위기상황을 모면하는 재치와 센스. 고객들의 심리를 파악해서 그들의 필요를 채워주려는 태도 등은 영업사원의 기본역량이지만 현대인들에게는 강한 경쟁력이 되는 것이다.

필자는 영업사원의 이러한 태도들을 보면서 바로 내 삶에 적용하고자 노력한다. 이러한 태도들을 머리로 기억하는 것이 아니라 손과 발이 기억하도록 생각하고 행동해야 한다. 사람은 아주 사소한 것에 감동받고 마음의 벽을 허무는 경우가 많다. 그 디테일은 내 몸에 밴 매너와 태도로 나타난다.

마지막으로, 자기관리와 노출도 실력이다. 영업사원들은 자신을 알리고자 부단히 노력한다. 길거리에서 현수막에 자신의 핸드폰 번호를 적어놓고 구매자를 찾는 광고를 쉽게 발견할 수 있다. 모임에 참석하면 처음 만나는 사람들에게 부지런히 자신의 명함을 돌리는 사람이 있다. 명함을 받아 확인해 보면 영업사원인 경우가 많다. 적극적으로 자신의 존재를 알리고 끈끈한 인맥 네트워크를 만들고 나아가 상품 판매로 발전시키려는 노력이다.

그런데 꼭 영업사업만 그렇게 행동해야 할까? 그렇지 않다. 우리는 일반적으로 모임에 가면 익숙한 사람들, 친한 사람들과 이야기하려고 한다. 그런데 변화해 보자. 새로운 사람과 대화를 시도해 보고 자신을 알리고, 상대방에 대해 알려고 노력해 보자. 새로운 사람을 만나고 그 사람들을 통해 새로운 세계가 열릴 수도 있다.

영업사원의 당당함과 적극적인 태도를 기억하고 하루 1명 새로운 사람을 만나고자 노력해 봐라. 이영권 소장은 새로운 사람을 만나게 되면 반드시 24시간 이내에 그 사람에게 이메일을 쓰라고 주장한다. "○○에서 만난 ○○○입니다."라고 자신을 소개하며 자신이 하는 일을 소개하고 상대방에 대한 기대들을 간단하게 쓰면 다음에 다시 연락하는 것도 어렵지 않을 것이라는 것이다. 요즘은 핸드폰을 통해 문자메시지를 보내는 것도 좋을 듯하다. 일반적인 문자 내용보다 "조금 전 세미나에서 만난 ○○○입니다. 오늘 귀한 분을 알게 되어서 영광입니다."라고 간단한 문자를 남기는 것이다.

이달의 판매왕, 명예의 전당 등에 오른 영업사원들의 연봉은 억대임을 우리는 잘 알고 있다. 필자 또한 한 분야에서 연 매출 최고를 달성하다 보니 더 성장하고 잘되기 위해서는 더 높이 있는 분들이 갖고 있는 지성과 태도 등을 익히고 내 몸에 배게끔 습관화해야 된다고 생각한다. 억대 연봉을 받는 영업사원들의 삶과 일을 대하는 방법을 인정하고, 그들의 매력적인 매너에 대해 공부하고 분석하고 그대로 따라 해야 한다.

시간 조종자

"우리가 진정으로 소유하는 것은 시간뿐이다. 가진 것이 달리 아무것도 없는 이에게도 시간은 있다." 스페인의 유명한 철학자 발타사르 그라시안은 말했다. 사람들은 매일 시간이 없다는 말을 달고 있으면서도 정작 자기 자신이 어떻게 시간을 쓰는지에 대해 아무런 생각을 하지 못하는 경우가 많다. 시간이라는 것은 무한한 것이 아니라 유한한 것이다. 그래서 나는 누군가에게 시간을 쓰는 것은 곧 내 "진심"이라고 생각하고, 내가 하고자 하는 일에 대해 시간을 쏟는 것 또한 그만큼 간절함을 뜻한다고 생각한다.

하지만 나에게 주어진 시간을 1분 1초도 허투루 쓰지 않고 사는 사람은 많지 않다. 매일매일 눈 깜빡하면 흘러가 있고, 이 글을 쓰고 있는 지금도 마찬가지다. 그래서 많은 사람이 새해만 되면 다이어리를 사고, 미

101

라클모닝을 하고 시간을 알차게 보내기 위해 매번 다짐한다. 물론 나 또한 안 해 본 것 없이 남들이 하는 거라고는 다 해 봤다. 다이어리 쓰는 거, 오늘 하루 해야 할 일을 적어보는 것, 미라클모닝으로 새벽부터 일어나서 책을 읽는 것 등 여러 가지를 해 보았지만 정작 끝까지 한 건 하나도 없었다.

그럼 어떻게 시간 관리를 하느냐고? 남들이 다 해 본 것을 해 본 결과 답이 하나 나왔다. 시간 관리에 정답은 없다는 것이라는 결론을 내렸다. 사람은 다수가 한다고 하면 자신도 해야 한다는 강박감이 있다. 그리고 많은 사람이 선택한 것을 정답이라고 생각하며 살아간다. 하지만 그것이 꼭 정답이 아닐 수도 있다고 생각이 든 순간, 세상에서 많은 사람이 외치는 것들을 꼭 따르지 않아도 된다는 생각을 하게 되었다. 나는 적는 것도, 일찍 일어나는 것도 모두 맞지 않았다. 아마 사람들이 해야 한다고 해서 하는 사람들은 꾸준하게 못 해내는 경우가 대부분일 것이다. 그래서 이 책에서는 지극히도 개인적인 나만의 시간 관리 팁 세 가지를 여기서 공유해볼까 한다. 하지만 이것도 결코 정답은 아닐 수 있다.

첫 번째는 시간이 흘러가고 있다는 것을 항상 느끼고 있어야 한다. 당연한 것으로 생각할 수 있다. 그리고 그걸 누가 모르냐고 할 수도 있다. 하지만 대부분 사람이 시간이 흘러가는 것을 느끼지 못하고 시간을 보내는 경우가 대부분이다. 그리고 나서 "벌써 시간이 이렇게 됐네"라고 하게 된다. 그렇다면 시간이 흘러가고 있다는 느낌을 받는 방법은 뭐냐고? 바로 그 시간을 보내는 동안만은 그 상황에 집중하는 것이다. 흐르고 난 뒤에 아깝지 않게.

두 번째는 자투리 시간을 활용해야 한다. 출장이 잦은 일을 하다 보니, 이동하면서 보내는 시간이 꽤 많다. 한 번 왔다 갔다 하면 하루가 다 가 있을 정도로 잦은 출장에 업무시간이 정확히 정해진 것이 없어서 초반에는 엄청나게 버리는 시간이 많이 생겼다. 해야 할 일은 산더미인데 아무것도 하지 못한 채로 흘러가는 것이 대부분. 그래서 그 시간을 SNS만 보지 말고 다른 것을 하고 보내자고 다짐했다. 이동 중에는 책을 읽거나, 온라인강의를 듣거나, 글을 쓰면서 보냈다. 전날 육퇴를 늦게 하는 날이면 새벽까지 일을 마무리하고 다음 날 이동 중에 못 잔 잠을 보충하기도 했다. 이런 패턴이기 때문에 나에게 미라클모닝은 오히려 일의 효율을 더 떨어뜨리는 것이었다.

마지막으로는 "휴식"이다. 하루에 단 몇 분이라도 휴식은 필요하다. 어딘가에 쫓기듯이 일을 할 때 매번 새벽에 자고 다음 날 종일 피곤이 묻어있을 때를 생각하면 왜 그때는 단 5분도 제대로 쉬지 않았을까 하는 생각도 했었다. 그런데 마지막 팁에 휴식이라니, 터무니없다고 생각할 수도 있다. 일하면서 어느 순간 출장이 잦아져 이동하는 버스나 기차 안에서 핸드폰을 완전히 꺼두고 뇌를 쉬게 해준 적이 꽤 많다. 항상 손가락이 저릴 정도로 핸드폰을 놓지 못하던 나였는데 말이다. '아닌데? 나는 쉴 거 다 쉬는데?' 하고 생각했다면 큰 오산! 무턱대고 쉬라는 것이 아니라 스스로 어떤 것에도 구애받지 않고 영향을 주지 않는 진짜 "쉼"을 주라는 말이다. 결국, 내가 내린 결론은 어떤 것이든 정답은 없다. 대신 내가 꾸준히 할 수 있는 방법이라면 그게 뭐든 내 상황에 맞는 시간 관리를 하면 되는 것이다.

자기 통제자

자신이 어떠한 일을 할 때 최대한 얼마만큼의 에너지를 쏟아부을 수 있는지 알고 있는가? 조금만 힘들고, 자그마한 난간에만 봉착해도 다른 길을 찾으려고 하지 않는가? 젊은이들이 주어진 과제나 일을 두고 실패하거나 성공적으로 처리하지 못했을 때 흔히 하는 생각과 말이 "시간이 부족해서 그랬지!", "그런 일 할 시간이 없어"이다. 그런데 다른 사람의 성공을 바라보고는 '나도 시간이 있으면 저렇게 해낼 수 있겠다'라는 교만한 생각을 하곤 한다. 문제는 바로 "시간"이다.

아무리 능력이 뛰어나고 돈이 많은 사람에게도 하루 24시간 공평하게 주어진다. 그리고 시간은 절대 저장하거나 돈으로 사고팔 수 없다. 우리는 주위에서 1분, 1초를 아주 소중하게 사용하는 세 부류의 사람들을 볼 수 있다.

첫째, 휴가 나온 군인이다. 군인들은 휴가를 나오기 한 달 전부터 휴가 첫째 날에서 복귀하는 날까지의 아침, 점심, 저녁에 할 일, 만날 사람, 먹고 싶은 음식, 가봐야 할 곳을 철저하게 계획해 둔다. 그리고 휴가 나온 날부터 부대에 복귀하는 날까지 철인에 가까울 정도로 최소한의 수면시간을 확보하고 사회에서 하고 싶었던 일을 해나간다. 이들은 시간이 어떠한 금은보화보다 소중하고 값진 것임을 잘 알고 있기 때문이다.

둘째, 고3이다. 고3을 거치지 않은 사람이 없으니 자세히 말하지 않아도 잘 알 것이다. 잠과 씨름하며 자신이 목표한 대학에 진학하기 위해 모든 정신을 그곳에 집중하고 최선을 다해 노력한다. 이들에게 시간은 시한폭탄의 타이머와 같다. 대학수학능력시험의 D-day를 체크하는 것은 물론이고, 매일 몇 시부터 몇 시까지 어떤 공부를 할지에 대한 일정이 빽빽하게 짜여 있다. 점심시간이 아까워 쉬는 시간에 점심 도시락을 먹고 점심시간을 온전히 자율학습 시간으로 사용하는 아이, 등하굣길 이동시간에 메모지를 보며 공부하거나 전자기기를 이용해 수업을 듣는 아이, 잠을 이기기 위해 세수하고 커피를 들이켜는 아이의 모습 등은 모두 지켜봤을 장면이다.

셋째, 시한부 인생을 살아가고 있는 사람들이다. 암 선고를 받고 삶을 살아가는 사람의 모습을 본 적이 있는가. 이들은 앞선 군인이나 고3처럼 건강한 육신이 아니기에 분주하게 살아갈 수 없지만, 하루하루를 의미 있게 살아가려고 노력한다. 자신이 살아갈 시간이 얼마 남지 않은 것을 알고 있기 때문이다. 시한부 인생을 살아가는 세계적인 부자가 가지고 싶은 것은 무엇일까? 당연한 대답일 것이다. 바로 '시간'이다. 영화 〈버킷리스트〉를 본 적이 있는가. 얼마 남지 않은 삶의 시간을 보다 의미 있게 보내기 위해 하고 싶은 것들을 적고 이를 하나하나 실천하는 과정을 보여주는 영화이다. 이들에게 시간은 어느 것과도 바꿀 수 없는 것이다. 어느 암 선고를 받은 유명대학의 교수가 마트에서 물건을 사고 거스름돈을 받았는데, 받아야 할 돈보다 많이 적게 받은 것을 집으로 돌아오는 중에 알았다. 그러나 그는 마트로 돌아가지 않았다. 되돌려 받을 돈보다 마트를 다시 오가는 시간이 더 소중하다고 생각했기 때문이라고 한다.

B. 플랭클린의 "백 년을 살 것처럼 일하고 내일 죽을 것처럼 기도하라"는 말처럼 우리는 절박함과 시간의 소중함을 느끼고 살아갈 필요가 있다.

스스로의 하루를 눈을 감고 곰곰이 되돌아보라. 하루 가운데 여러분의 목표를 위해 쏟고 있는 시간이 얼마나 되는가. 하루 가운데 순간적인 즐거움을 위해 희생되는 시간이 얼마나 되는지를 말이다. 습관적인 TV 시청, 핸드폰 조작, 무력감에 빠진 행동 등. 우리 인간이 일생 TV를 보는 시간을 계산해 보니 10년이 넘는다고 한다. 물론 알찬 프로그램 시청이 필요한 때도 있겠지만, 불필요한 재미와 흥미 위주의 TV 시청은 우리의 큰 적임을 명심해야 한다.

마시멜로 실험을 잘 알 것이다. 실험에 참여한 아이들에게 마시멜로를 주면서 15분 동안 이 마시멜로를 먹지 않고 기다리면 하나의 마시멜로를 더 주겠다고 했다. 이 실험에서 15분을 기다려서 하나의 마시멜로를 받은 아이들은 학업 성취도도 높고 교우 관계도 좋았다고 한다. 또한, 성장한 후 자신의 꿈을 이루는 확률이 15분을 참지 못한 아이들보다 훨씬 높았다고 한다. 즉 자신의 눈앞에 보이는 작은 욕구들을 절제할 수 있는 자기통제력이 있는지를 알아보는 실험이었다.

소탐대실小貪大失은 작은 것을 쫓다가 큰 것을 잃는다는 사자성어이다. 우리의 일상을 뒤돌아보며 작은 유혹을 따르다 정작 자신의 큰 꿈을 향한 노력을 소홀히 하고 있지는 않은지 살펴보자. 시간이 부족한 사람들은 "시간만 충분하면 당연히 나도 할 수 있다"라고 말하지만, 정작 시간이 넉넉히 주어졌을 때 그들은 어떻게 시간을 효율적으로 사용해야 할지 우왕좌왕하는 경우가 많다. 그리고 사실 시간이 아무리 많았어도, 안 했을 일들은 안 했을 것이다.

성공하는 사람들의 공통점을 살펴보면 많은 시간이 있어서 특별한 업적을 이룬 것이 아니다. 오히려 부족할 것 같은 삶 속에서 더 많은 결과물을 만들어냈다. 바쁘고 시간이 부족한 사람일수록 시간의 소중함과 그 가치를 익히 알고 있기 때문이다. 따라서 작은 것이라도 소홀하게 쓰지 않고, 시간을 쪼개고 쪼개어 사용하며, 시간이 주어짐에 감사함을 느낀다.

필자는 20대로 돌아가고 싶은 이유가 무엇이냐고 물으면 "시간"이라고 답한다. 어쩌면 30대를 살고 있기에 20대에 주어진 시간적 여유로움과 자유로움을 부러워하는지도 모른다. 자신이 직접 경험해 보기 전에 책이나 선배의 충고를 통해 20대를 살아가는 젊은이들이 '시간의 소중함'을 깨닫고 효율적, 효과적으로 시간을 사용하길 바란다.

05

망할래야 망할 수 없는
영업 전략 7가지

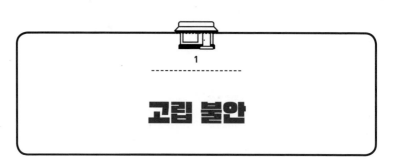

1

고립 불안

개인 비즈니스를 하는 사람이라면 세상을 바라보는 관점이 달라야 한다. 다시 말해, 버스를 타고 도시를 여행할 때, 상가에 입점해 있는 가게들을 보고 사업 아이템과 수익 구조를 추측해 봐야 한다. 또한, 최근 트렌드를 이끄는 가게와 키워드는 무엇인가. 어떤 사업이 소비자들의 지갑을 열게 하는지를 살펴보는 것이다.

길을 걷다 우연히 건네받은 전단과 광고 포스터에서도 마찬가지이다. 허투루 그냥 흘려보낼 수도 있지만, 짧은 시간에 어떤 아이템이고, 어떻게 마케팅을 하는지 살핀다. 나아가 나라면 어떻게 사업 전략을 짤것인가도 상상해 본다. 그리고 필요하다면 메모하고 벤치마킹의 소재로 삼는다.

즉, 맛집을 가든, 여행을 떠나든, 마트를 가든, 무엇인가를 소비하는 데 있어서의 심리를 파악해야 한다. 무엇인가를 팔 때는 판매자 입장에서의 생각이 아니라 소비자로서 생각을 해 보고 그렇게 적용해보는 것이다. 일과 노는 것을 동기화하는 자세가 필요하다.

예를 들어 길을 걷다가 배가 고파서 밥을 먹으러 밥집을 찾고 있는데 한쪽에는 줄을 서서 기다리는 사람들이 북적이고 있고 또 다른 쪽은 한 테이블에만 손님이 있는 한산한 곳이라고 가정해 보자. 과연 어디를 가고 싶겠는가? 대기업 마케팅에서는 이미 이런 소비자 심리를 파악한 마케팅을 엄청나게 하고 있다.

어떤 기업에서 강연하는데 사람의 심리를 알아보는 재미있는 실험을 해 보았다. 참석자 10명 가운데, 한 명만 빼고 모두 1,000원짜리 커피와 4,000원짜리 커피 중 4,000원짜리 커피를 선택하기로 약속한다. 그리고 예정대로 9명은 4,000원짜리 커피를 선택하고 마지막 한 명이 선택하는 시간이 되었다. 마지막 1인은 눈치를 보더니 본인도 4,000원짜리 커피를 선택했다고 한다. 이것만 봐도 무언가를 선택함에 있어서 군중의 힘, 다수의 증거가 엄청난 선택의 효과를 가져오는 것이다.

명품 또한 마찬가지다. 백화점에 가면 명품 브랜드 입장을 위해 긴 줄을 기다려야 하는 곳이 있다. 반면 기다림 없이 바로 입장이 가능한 브랜드가 있다. 하지만 사람들은 긴 줄을 기다려서 해당 브랜드를 둘러보려는 심리가 생긴다. 길을 걷다 3명 이상의 사람들이 모여 어떠한 것에 집중하고 있을 때, 길을 가던 행인들이 우르르 모여드는 현상과 흡사하다.

다수의 증거를 이용하는 마케팅은 실패하기가 사실 힘들다. 사람들은 남들이 다 하는 걸 못 하면 미치는 병에 걸려 있다. 그것이 고립불안, 나 빼고 다 하는데 내가 안 하면 도태되는 것 같은 불안감을 느끼는 것이다. 무엇을 팔든 똑같다. 나처럼 화장품을 팔든 먹거리를 팔든, 옷을 팔든, 많은 사람이 나의 상품을 선택하고 사용하고 있다는 것을 연출해야 한다. 인간은 남들이 행동하는 대로 움직인다.

그러니 오프라인 가게가 있다면 오프라인으로도 연출할 수 있는 것들을 연출하고 (대기 명단, 선착순 마감 등), SNS에서 또한 많은 사람이 구매하고 있음을 지속해서 연출했을 때 진성 고객이 나타나는 것이다.

심지어 필자만 해도 그렇다. 어디를 가도 사람 많은 곳에 가야 잘한 선택이고, 줄을 서 있는 장면을 보면 괜히 그냥 갈 것도 멈춰서 보게 되고 필요도 없는데 하나 사 볼까 하는 마음이 든다. 그래서 꼭 객관적으로 스스로를 들여다보고, 판매자이기 이전에 누군가의 소비자이기 때문에 그런 심리들을 파악하는 것이 너무나도 중요하다.

세상이 바뀌어도 감정이 존재하는 한, 이는 바뀔 수 없는 마케팅의 심리 장치 중 하나임에는 틀림이 없다.

2

휴리스틱

고객은 당신이 제공하는 비즈니스에 깊은 관심을 보이고 필요를 느낀다. 그런데 가격 때문에 망설이고 있다면 여러분은 고객을 어떻게든 설득할 것이다. 방법은 여러 가지가 있다. 일반적으로 특별 할인 및 프로모션을 통해 수익을 적게 남기더라도 제품을 판매할 수 있다. 그런데 매번 그렇게 할인을 해준다면 고객으로서는 상품 가격에 대해 신뢰도가 떨어질 수 있다. 그렇다면, 어떻게 고객의 마음을 움직여서 예산에 살짝 벗어났지만, 과감히 결제할 수 있도록 유도할까?

휴리스틱은 우리에게 익숙한 상식을 건드려서 거절하지 못하고 빨리 결정할 수 있게끔 돕는 것이다. 우리는 상식이라는 틀 안에서 항상 무의식적으로 행동한다. 그러므로 그 상식의 틀에서 벗어나는 것은 예상 밖의 행동으로 생각하며 그 상식을 건드리며 권할 때 고객은 거부하기가 어려워진다. 쉽게 말해서 안 할 이유를 찾지 못하게 만들어버리면 된다.

예를 들어, 홈쇼핑에서 안마의자 하나를 대여해서 쓰는 금액이 한 달에 3만 원이라고 하자. 그럴 경우, 다음과 같이 설명을 한다면 고객은 거절하지 못할 것이다. "평생을 고생하신 부모님을 위해 한 달에 3만 원 정도는 당연히 쓰실 수 있으시죠? 지인들과 만나서 커피 마시고 디저트 먹는 데도 요즘은 3만 원 정도가 들어가는데 그 돈은 아깝다고 생각하지 않으시면서 부모님께 한 달에 3만 원 쓰는 건 아깝다고 생각하진 않으시겠죠?"라는 식으로 쉽게 거절하지 못할 상식 안에서 권유를 한다면 구매를 오히려 빠르게 결정지을 수 있을 것이다. 즉, 휴리스틱을 이용한 설명들로 구성을 하고 고객에게 던지면 거절이 오기 전 차단할 수가 있다.

당신이 물건을 사거나, 서비스를 요청할 때 그들의 멘트와 설득 방법에 주목해 보자. 그들의 태도는 어떻고, 어떻게 당신을 설득하며 논평을 구성하는지 고객의 관점에서뿐만 아니라 판매자의 입장이 되어서도 생각해 보자.

당신이 1인 기업가라면 상품기획에서부터 연구개발, 마케팅, 정산까지 혼자 해야 할 것이다. 책상 앞에 앉아 이 모든 것을 책으로 배우고 익히는 것도 좋지만, 사업을 통해 부딪히며 배움의 자세로 접근하면 어떨까.

가장 중요한 것은 진정성이 느껴지는 태도와 말이다. 가식적으로 꾸며낸 멘트, 자신과 어울리지 않는 태도와 어디선가 가져온 듯한 멘트는 오히려 역효과가 날 수 있다. 가장 나다운 멘트, 진실성이 느껴지는 태도와 멘트로 고객을 대한다면 매출은 알아서 따라오게 되어 있다.

3

- - - - - - - - - - - - - - - - - - -

권위 상징

상품을 팔 때 소비자도 중요하지만 그 상품을 누가 파는지도 중요한 부분이다. 동네 구멍가게가 아닌 이상 매출과 직결되는 상담에 있어서 특히나 더더욱.

피부샵을 예로 들면 많은 원장님들의 실수가 회원권 금액이든, 홈케어 제품이든 고객이 선택하게끔 하는 곳을 많이 보았다. 왜 그러시냐고 물어보면 대부분 이렇게 말씀하셨다. "팔려고 드는 것 같아서요.", "장사꾼 같아 보여서요." 그런데 이 말에는 약간의 모순이 있다. 샵 한편에 떡하니 영업신고증이 있을 텐데 말이다. 판매라는 것은 사업장을 운영하면 당연한 것이다. 돈 벌려고 창업했는데 갑자기 팔려고 들고 싶지 않다니, 이것은 무슨 논리인가. 알아서 고객이 와서 "결제하겠습니다" 하고 와주길 바라는 것인지, 진심 의문이다. 무엇을 파는 것은 당연한 일이나 그것을 어떻게 팔고, 누구에게 파는지가 중요하다.

피부샵에 온 고객은 무조건 "피부 개선"이 목적이다. 돈을 쓰려고 온 사람들이다. 생사에 허덕거리는 사람들이 진입장벽 높은 피부샵에 온다는 것은 말이 안 된다. 그런데 "대부분 비싸다고 할까 봐 말을 못 꺼내겠어요", "거절당할까 봐 두려워요." 이런 말들은 본인 기준에서 생각하기 때문이다. 샵에 오는 고객들은 피부샵 원장님들보다 더 여유로운 삶을 살고 물질적인 풍요로움이 있는 사람들이다. 본인의 지갑과 고객들의 지갑이 같다고 생각하는 것부터가 문제이다.

또한 샵의 주인인 원장이 누구인가에 따라서도 고객의 니즈는 달라진다. 샵의 주인이 자신이 파는 상품에 당당하지 못하고 자신감이 없는 상태에서 케어 금액을 얘기하거나 홈케어를 설명할 때 행동이 분주하고 손을 떨고 눈동자가 흔들린다면, 과연 그 샵의 주인인 원장을 믿고 얼굴을 맡길 수가 있겠는가. 제일 중요한 것은 타켓도 중요하고, 누구에게 어떻게 파는 것도 중요하지만 내가 파는 상품에 온전히 미쳐서 확신을 갖고 자신감 있게 말할 수 있느냐 없느냐이다.

4

확률 게임

사업이라는 것은 누군가에게 무언가를 팔기 위한 것이다. 우리는 매 순간 누군가에게 무엇인가를 팔고 산다. 하지만 내가 파는 사람이 되면 어떻게 하면 잘 팔 수 있을까를 항상 생각하게 되며 고객의 지갑을 여는 일이 정말 쉬운 일이 아니라는 것을 몸소 느끼게 된다. 일하면서 많은 경영주분을 만나면 항상 고객에게 제품을 파는 것이 제일 어렵다고 말한다. 어디서부터 어떻게 말을 해야 하는지도 모르는 경우가 대부분이다.

그래서 이 책에서 고객의 지갑을 여는 방법을 딱 3가지 알려드리려한다. 이것이 정답은 아닐 수 있다. 하지만 영업은 확률게임이다. 이 방법은 그 확률을 더 올릴 것이다.

우선 첫 번째로 '대화의 주도권을 가져라'이다. 보통 무엇이든 물어보는 고객에게 그것에 대해 대답을 하면 안 된다. 이게 무슨 말이냐 싶을 것이다. 누군가 질문을 하고 대답을 하는 것은 당연하나 내 상품을 파냐 안 파냐의 문제이기 때문에 대화의 주도권을 무조건 내 쪽으로 가져와야 한다. 그러려면 그 질문에 대한 답이 아니라 역질문을 해야 한다.

예를 들어, 온라인이든 오프라인이든 고객이 제일 많이 묻는 것이 바로 가격이다. 대부분의 경영주분은 바로 가격을 말씀드릴 것이다. 그러나 과연 고객이 결제할 확률이 얼마나 될까? 그 상품이 비싸면 비쌀수록 구매로 이어지기까지의 확률은 현저히 낮을 것이다. 지금부터 확률을 높이기 위한 방법을 알려줄 테니 그대로 적용해보길 바란다.

만약 고객이 가격에 관해 물어본다면 "이 제품을 구매하고 싶으신 이유가 어떻게 될까요?"라고 역질문을 한다. '이게 왜 필요하냐'라는 의미이다. 그러면 대답을 하는 쪽이 내가 아닌 고객이 된다. 질문으로 고객의 요구를 파악하게 되는 것이다. 이렇게 대화의 주도권을 가져오는 것이 바로 첫 번째이다.

두 번째, 질문을 통해 고객의 니즈를 파악해라. 보험설계사로 일하는 A 씨는 고객을 만나면 꼭 묻는 말이 3가지 있다. 1) 어느 부분에서 보험보장을 필요로 하는지, 2) 월 보험료는 대략 어느 정도인지, 3) 현재 가입 중인 보험상품은 무엇인지. 이러한 질문에 고객이 좀 불편을 느낄 수도 있지만, A 씨는 고객의 정확한 필요Needs를 파악하는 것이 판매 전략에서 가장 중요하다고 생각하기 때문이다. 고객은 심혈관계질환에 대한 보장보험에 관심이 있는데, 종신보험과 실비보험에 관한 이야기만 늘어놓는다면 이미 정답이 보이는 게임 아니겠는가.

고객이 필요로 하는 최적의 상품을 찾았다면, 하나만 제시하는 것이 아니라 2~3개 정도의 후보군을 설정해 주는 것이 좋다. 하나만 제시한다면 고객의 심리는 다른 상품과 자연스레 비교해 보고 싶어 한다. 따라서 몇 가지 후보군을 주면서 장단점을 안내해 주자. 그러면 고객은 여러분이 제시한 선택지 안에서 제품을 선택할 확률이 높다.

그리고 또 하나, 고객에게 생각할 시간을 주어라. 지나치게 선택을 강요받는다는 느낌이 든다면 오히려 역효과가 난다. 따라서 충분히 설명하고, 몇 가지 선택지를 준 후에는 고객의 최종선택까지 기다리는 것이 좋다. 단, 선택의 시간 가운데 궁금한 사항이 있어 질문한다면 즉각적으로 대응하는 태도가 중요하다. 큰 금액의 제품을 하루아침에 당장 선택할 수 있는 사람은 그리 많지 않다. 당신이 서두를수록, 고객은 당신의 비즈니스에 신뢰를 느끼지 못할 수 있다.

마지막으로 철저한 명품 판매 전략을 추구한다. 흔히 사업을 한다고 하면, 동종업계의 서비스, 제품 가격을 조사한다. 그리고 그 가격과 유사하게 책정하거나 조금 낮게 설정하여 시장에 빠르고 안정적으로 진입하려고 한다. 그런데 필자는 다르다. 명품마케팅이다. 집밥집이 있는데,

저렴한 재료로 많이 만들어서 파는 집이 있고, 엄선된 재료로 포장도 남다르게 하여 비싸게 파는 집도 있다. 선택은 당신의 몫이다. 필자는 후자를 선택한 것이다.

화장품에서 샘플이라 하면, 무료로 제공한다는 인식이 있다. 그러나 필자에게는 샘플도 돈을 주고 사야 하는 것이다. 그리고 가격 할인 및 프로모션 이벤트가 전혀 없다. 또한 제품과 서비스에 대한 상담도 무료로 진행되지 않는다. 철저한 사전예약과 상담에 대한 비용을 받고 있다. 그리고 다른 업체들보다 가격도 높게 책정하고 있다.

이쯤 되면, "누가 그런 곳을 찾아요"라고 반문할 수 있다. 그렇다. 일반 가게에서 하루 10명의 고객을 맞이한다면, 필자는 하루에 1명 또는 이틀에 1명의 고객을 맞이하겠다는 전략이다. 박리다매가 아닌 후리소매 전략이다. 이에 대한 내용은 추후 자세하게 설명할 것이다.

이는 명품 판매 전략과 흡사하다. 사람의 인식은 '싼 게 비지떡이다'라는 생각을 한다. 즉 비싼 게 좋다는 것을 알고 있다. 누군가 많은 비용을 당신에게 지불했다면, 그에 합당한 고퀄리티의 서비스, 제품을 제공하고 도파민을 통해 만족감을 느끼고 더 행복할 수 있도록 그 사람이 지불한 것 이상의 필요를 제공해 주는 것이 중요하다.

고가 마케팅을 했다면, 가격에 맞게 서비스의 질을 높이는 것이 맞다.

당신 스스로도 더욱 전문가적인 말투, 전문성, 행동, 복장을 갖추어야 한다. 『더 해빙』이라는 도서를 보면, The having, 즉 당신이 이미 부자가 되었다고 생각하고, 이미 전문가가 되었다고 생각하고 말하고 행동하라고 강조한다. 이미 소유했다고 생각하면 그에 걸맞은 부가 찾아온다고 강조한다. "감정이란 현실을 변화시키는 놀라운 에너지"라고 책에 언급되어 있다.

고객의 지갑을 여는 것은 쉬운 일이 아니다. 그렇기에 고객 한 명 한 명을 복기하며, 어떤 부분이 부족했고 어떤 부분을 개선해야 할지에 대한 고민이 필요하다. 그냥 손님을 흘려보내기만 한다면 발전할 수 없다. 하루를 보내며 셀프 모니터링을 통해 최소한 1가지 이상의 교훈을 얻고, 이를 즉시 사업에 적용하는 것이 중요하다.

자기계발서를 읽다 보면 72시간의 법칙을 자주 접하게 된다. 이는 새로운 지식이나 교훈을 접하게 되었을 때, 72시간 즉 3일 안에 자신의 삶에 적용하지 않으면 자신과 전혀 무관한 지식이 된다는 것이다. 중요한 것은 실천이다. 성찰 후 실천. 이것이 여러분의 비즈니스를 하루하루 성장하게 하는 밑거름이 될 것이다.

5

동선 셋팅

현시대에 빠질 수 없는 것이 바로 온라인. 원장님들을 위한 여러 가지 온라인 마케팅을 소수 또는 다수로도 진행을 해오고 있지만, 이 책 안에서 풀기에 다소 많은 내용들이기 때문에 진짜 실전에서 필요한 엑기스들만 모아서 풀어보도록 하겠다. 아마 이것들만 알아도 예비 경영주에겐 돌아가지 않을 지름길이 될 것이고, 지금 운영 중인 경영주라면 현 매출의 2배 이상은 뛰어넘을 방법론이 될 것이다. 대신 불순물을 하나도 섞지 말고 실천하길 바란다.

인스타그램
아무리 열심히 해도 신규 문의 없는 샵들의 인스타그램 특징 4가지

1. 프로필 사진

대부분의 샵 계정들이 로고, 샵 내부, 꽃 사진 등 전문가적인 이미지를 전혀 주지 않는 프로필로 셋팅이 되어 있다. 검색을 해서 내 계정이 노출되고 보인다고 하더라도 전혀 누르고 싶지 않게끔 해놓는 것이다. 어디서 무엇을 어떻게 배웠는지는 모르나 사람의 심리는 정해져 있다. 특히나 얼굴을 만지거나 진입 장벽이 높은 곳들은 더더욱 "나"라는 사람을 노출해야 신뢰도가 쌓인다. 그저 거래처나 영업사원들의 몇 마디가 정답인 줄 알고 스스로 샵에 대한 고민조차 하지 않는 그런 원장은 되지 말자.

- **좋은 예** 프로필 사진, 가운 입은 사진, 프로다운 모습
- **나쁜 예** 꽃, 로고, 샵 내부, 셀카, 제품 등

2. 프로필 소개

100% 예약제, 1:1 맞춤 관리 아닌 곳을 찾기가 요즘 더 힘들다. 군이 인스타그램에서 글자 수까지 정해놓은 소개란을 당연한 내용으로 가득 채워서 사용하고 있다는 것이 안타까운 현실. 심지어, 주소나 연락처까지 해놓은 경우도 많았다. 네이버에 검색하면 다 나올 내용을 군이 해놓은 것이다. 고객이 이 계정에 들어와서 둘러볼 이유가 단 1도 없게 만들어 놓았으니, 문의가 올 리가 있나. 인스타그램 안에서도 같은 지역 그

리고 그 안에서도 샵을 운영하는 계정이 얼마나 많은데 운 좋게 내 계정에 유입이 되었어도 어느 샵에서나 다 똑같이 해놓은 소개를 보고 스크롤을 내릴 리 만무하다.

샵에 대한 것 말고 제일 중요한 것은 그래서 내 얼굴을 만져주는 사람이 누구이고 그 사람이 어떤 사람인가, 내 얼굴을 믿고 맡길 수 있는 사람인가를 셋팅해 놓는 것이다.

- **좋은 예** 경력 사항, 자격증, 수료한 내용 등 없으면 만들면 됨
- **나쁜 예** 연락처, 주소, 100% 예약제 등

3. 톤앤매너

아직도 피드 톤을 맞추고, 감성적으로 피드를 만들고, 줄을 맞추면 다 되는 줄 안다. 톤앤매너라는 것이 유행이 지난 지가 언젠데. 톤을 맞추고 싶다면 차라리 이미지/템플릿 편집이 아니라 내가 직접 찍은 사진들로 맞추는 것이 훨씬 낫다. 사실상 여행 계정이나 맛집 계정같이 사진이 중요한 계정들이야 톤도 느낌도 분위기도 중요하겠지만 피부나 뷰티 계정이라면 사실 그런 것은 크게 필요치 않다.

내 계정을 보는 타켓이 누군지부터 먼저 생각하고 전체 톤보다는 하나하나 컨텐츠의 질에 초점을 두고 올리는 것이 현명하다.

- **좋은 예** 내 얼굴이 나온 사진이나 상담, 고객 후기 영상, 카톡 내용 등
- **나쁜 예** 색깔만 맞춘 템플릿 이미지, 음식 사진, 과한 일상, 술 사진 등

4. 계정의 방향

제일 문제는 개인 계정처럼 운영하는 사람이다. 비즈니스 계정으로 전환했을 텐데도 사적인 내용들을 수시로 올리기가 다반사. (사적인 내용을 올릴 때도 전략이 필요함) 종종 기분이나 감정을 드러내기도 한다. 또 게시글마다 로봇처럼 설명만 주야장천 늘어놓는다. 소비자를 위한 도움되는 정보들은 없고 내가 하고 싶은 말만 해놓는다.

누군가가 보고 구매전환을 일으켜야 하는 계정이라면 더더욱 소비자를 위한 정보들과 소통하는 모습을 보여줘야 한다. 사진도 좋고, 요즘에는 영상 컨텐츠가 더욱더 시선을 사로잡기 때문에 인스타그램이 지금 어떤 컨텐츠를 밀어주는지 파악하는 것이 가장 중요하다.

- **좋은 예** 정보성 피드와 릴스, 제품에 디테일한 텍스쳐나 피부 타입에 따른 처방과 사용법 안내
- **나쁜 예** 제품 설명, 감정적인 글, 일상적인 비중이 더 많음

다만, 이 내용들은 1회 관리 5만 원 이하 샵이나 저가샵에서는 해당되지 않으므로 전부 무시하고 마음대로 운영해도 된다. 싼 곳은 어차피 싸기 때문에 팔린다. 나를 보고 오는 것이 아니라 가격을 보고 오는 것이기 때문이다. 이 내용들은 적게 일하고 많이 버는 방법에 대한 것들이고 그렇게 하기 위해선 전략이 필요하기 때문이다.

네이버
고객의 동선을 파악하기 위한 3가지 방법

1. 네이버 플레이스

인스타그램에서 셋팅된 계정에 니즈가 올라갔다면 당연히 그 다음 패턴은 네이버에 샵 명을 검색해볼 것이다. 그런데 우리 샵을 소개하는 간판 같은 플레이스가 제대로 준비되어 있지 않다면 문의까지 연결이 어려울 수밖에 없다. 플레이스는 인스타그램 프로필과도 같은 곳이다. 그래서 같은 공식으로 셋팅을 해주는 것이 중요하다.

- **업체 사진** 나의 권위 있고 전문가적인 모습을 연출 (임상, 샵 내부, 로고는 제외)
- **공지사항** 변하지 않는 샵 메뉴얼을 하이라이트처럼 사용 (예약금 또는 상담비 안내, 프로모션 등)
- **가격** 1회권에 대한 가격보다 회원권에 대한 것들로 셋팅 (금액은 높은 것부터 셋팅)
- **대표 키워드 5가지** 지역이 들어가야 됨, 키워드 검색을 통해 많이 검색하는 키워드를 5가지 뽑아서 입력 (네이버에 "키워드마스터" 검색)
- **상세 설명** 소개란과 같은 역할 (원장의 스토리텔링이 필수, 어떻게 이 일을 시작하게 되었는지 앞으로는 어떻게 운영할 건지에 대한 원장의 다이나믹한 이야기로 셋팅)
- **리뷰:** 영수증 또는 예약 연동으로 리뷰 쌓기 (초반에는 지인이나 셀프로 5개 이상 쌓아 놓으면 다음 진성고객이 리뷰를 쓸 때 참고할 수 있어서 훨씬 더 디테일하고 풍부한 리뷰 작성이 가능하게 됨)

2. 체험단

보통 상위 노출되는 최적화 블로거에 고객들이 많이 방문하는데, 업체를 통하면 그달에 내가 원하는 인원만큼 샵으로 방문하게끔 해준다. 하지만 내 돈 내고 고가의 관리를 무료로 해주는 상황에서 많은 분들이 들인 돈만큼 최대치로 뽑아내지 못하고 있는 경우가 대부분이다.

그래서 종종 체험단을 써 본 경영주분들에게 "노출이 잘 안 돼요", "문의가 잘 안 와요" 이런 소리도 많이 들었었다. 체험단을 쓸 거면 "그냥 잘 써주세요"가 아니라 그달에 오는 체험단에게는 모두 같은 관리와 같은 키워드를 노출시켜서 그달의 키워드를 내가 검색해서 정해놓고 전달하는 것이 중요하다. 체험단도 전략적으로 사용하지 않으면 그냥 땅바닥에 돈 버리는 것이다.

- **예** 8월에 오는 체험단이 5명일 때, 5명에게 전부 리프팅이 들어가는 걸로 정하고, 'ㅇㅇ리프팅'이나 'ㅇㅇ리프팅 잘하는 곳'이라는 키워드를 검색해서 검색량이 많은 걸로 선택하고 그 키워드를 노출시켜 달라고 하기

또 하나의 전략은 업체를 타게 되면 이중적으로 돈이 들어가기 때문에 내 샵에서 노출시켰으면 하는 키워드를 검색하고 거기에서 상위에 노출되어 있는 블로거들에게 따로 쪽지를 보내서 연결이 되게 하면 중간에 드는 비용을 절감할 수 있다.

이처럼 마케팅 비용으로 나가야 되는 필수적인 것들이라면 사실 내가 흘러가는 방향이나 루트를 파악하고 그것을 최대한으로 활용할 수 있는

지에 대해서 공부하고 접목하는 것이 돈을 허투루 쓰지 않는 방법이다.

3. 블로그

블로그는 사실 가장 중요하기도 하지만 가장 지속성이 떨어지는 것이기 때문에 결실을 보지 못하고 포기하는 경우를 많이 보았다. 많은 분들에게 블로그에 대한 중요성을 강조하지만 결국 실천하는 분들이 일부이기 때문에 그분들만 빛을 보게 될 수밖에 없다. 하지만 블로그도 그냥 아무거나 쓰는 것이 아니라 키워드를 잡고 전략적으로 써야 노출에 대한 부분을 직접적으로 느낄 수 있다. 체험단을 쓸 때도 내가 블로그를 쓰는 공식이나 방법에 대해서 알고 전달하면 차원이 다른 효과를 볼 수가 있다.

- **키워드** 최적화 블로그가 아닌 경우 키워드를 찾는 것이 더욱더 중요하다. 아무 키워드를 썼다가는 노출이 절대로 되지 않기 때문이다. 이제 막 시작한 블로그일수록 세분화된 키워드를 찾고, 검색량보다는 문서 수가 적은 키워드를 찾아서 꼭 포스팅할 블로그 제목에 그 키워드를 넣어야 한다.
- **구성** 제일 좋은 건 내가 사용할 키워드에 상위노출 되어 있는 블로거들의 글을 참고해서 비슷한 형식으로 쓰면 제일 좋지만 카피를 하는 것은 절대로 안 된다. 블로그는 한번 쓰고 나면 수정하는 것도 좋지 않기 때문에 임시저장을 자주 사용해서 틈틈이 완성도 있는 글을 작성하되, 사진은 기본 10장 이상 동영상은 1개 이상 필수로 들어가는 것이 노출이 되는 데 효과적이다. 해시태그 같은 경우도 많이 할 필요 없이, 상위노출 되어 있는 블로거가 쓴 해시태그를 참고하거나 연관검색어

들로 구성해서 최대 5개 정도만 사용하면 된다.

- **글쓰기** 글을 쓸 때 중요한 것은 설명을 한다기보다, 눈앞에 있는 누군가에게 말하듯이 쓰는 것이 좋다. 제품을 설명할 때도 친구에게 말하는 듯한 어투와 멘트를 사용하면 훨씬 잘 읽히고 이해하기도 쉽다. 성분에 대한 내용들로 가득 채우는 것보다는 지루하지 않도록 비유나 사례를 이용한 내용들로 구성을 해야 한다. 결국 구매전환을 위한 내용이면 팔기 위한 멘트보다는 필요한 정보를 같이 제공하면서 이 제품을 안 살 이유를 못 찾게 만드는 멘트들과 구성으로 글을 쓰는 것이 가장 베스트다.

결국 이런 내용들을 알려줘도 더 깊이 알려고 하거나 혹은 나에게 연락을 하면 한 발자국 내딛는 것이지만 읽는 것으로 그친다면 지식만 습득하는 것이다. 아는 것은 이제 아무런 소용이 없다. 무조건 실천이다. 지금 당장 해야 될 엑기스들만을 풀었다. 이건 선택이 아니라 필수 영역이다. 이 내용들도 실천하지 않고 사업을 할 생각이면 그냥 애초에 시작도 하지 말라고 말하고 싶다.

일어나면 양치하고 점심 먹고 양치하고 자기 전에 양치하는 건 필수 영역이지 않은가. 이것들 또한 마찬가지다. 마케팅, 브랜딩 교육에만 몇 천을 들였다. 그리고 직접 실천하고 부딪히면서 얻은 내용들이다. 교육을 듣는 것에만 그친다면 교육을 듣지 않길 바란다. 오히려 "독"이다. 지금 알려준 것만 실천해도 교육비로 나갔어야 될 몇백은 굳는다고 봐도 된다. 믿고 꼭 실천하길 바란다.

현재 당신이 맞이하는 고객이 어떠한 경로를 통해서 당신의 제품 또는 서비스를 이용하고 있는지 파악하고 있어야 한다. 지인의 소개인지, 인스타, 유튜브, 블로그 등과 같은 온라인 마케팅을 통한 것인지, 전단, 오프라인 광고를 통한 유입인지 확인할 필요가 있다. 흔히 어떤 제품이나 서비스를 이용할 때 사전 조사 질문지를 통해 이와 같은 질문들을 어렵지 않게 보았을 것이다. "어떠한 경로로 저희 제품을 알게 되셨나요?" 이는 추후 마케팅 방향 설정에 큰 도움이 된다. 전방위적 마케팅 전략이 필요하지만 특별히 어떠한 전략이 유효하며, 더 효과가 있는지를 확인할 수 있는 좋은 방법이다. 효과가 없는 곳에 높은 비용을 지급하는 것은 어리석은 일이지 않은가. 제품의 우수성 여부를 떠나서 어떠한 방법과 경로로 고객에게 다가가는 것이 효과적인 전략인지 계속된 모니터링이 필수적이다.

특별히, 요즘 시대에 절대적이면서 놓쳐서는 안 되는 것이 바로 온라인 마케팅이다. 온라인 마케팅을 배제한 채 사업을 영위한다는 생각은 상당히 위험하다. 경북 안동에서 사과를 파는 사람이 동네 사람과 지역 농협을 대상으로만 사업을 하던 시대가 아니라는 이야기이다. 온라인 마케팅을 시작하면, 고객의 범위는 당신의 상상이 미치지 못하는 곳까지 이른다. 대한민국뿐만 아니라, 해외에서도 주문이 일어날 수 있다. 또한 개인이 아닌 회사에서 대량구매가 일어날 수도 있는 것이다. 따라서 온라인 마케팅은 선택 사항이 아닌 필수다.

당신 비즈니스의 소비층이 다양하고 젊은이들이 주요 고객층이라면 더욱더 온라인 마케팅에 집중해야 한다. 대부분의 젊은이들은 온라인에서 소비를 시작한다. 그리고 그들은 큰손이다. 따라서 관심을 가지고 봐야 한다.

필자의 경험에 비춰 봤을 때 네이버 블로그와 인스타는 필수이다. 이를 배제하면 돈을 벌기 힘들다. 네이버 블로그와 인스타의 용도는 조금 다르다. 인스타로 사람을 모았으면 네이버로 설명하고 설득을 해야 한다. 즉 네이버 블로그는 상세 페이지 역할을 한다. 여러 가지 플랫폼의 연결 다리 역할을 하는 것이 인스타이다. 인스타에서도 릴스(짧은 영상 플랫폼)가 유행하고 있다. 짧은 시간 안에 제품과 서비스를 표현할 수 있으며, 이를 통해 불특정 다수에게 필요한 정보를 제공할 수 있다. 이것에 대한 이해도 필요하다.

현대인들은 시간이 없다. 인스타와 블로그 계정이 얼마나 많은데 당신의 모든 영상과 글을 볼 수 있겠는가. 고객의 시선을 멈추는 "기획"이 필요하고, 어떤 컨텐츠든 보고 싶고 궁금하게 만들어야 한다. 따라서 당신은 많은 고민을 거쳐 짧은 글과 짧은 영상으로 그들이 알고 싶어 하는 핵심을 전달해야 한다. 고객이 원하는 영상을 찍어 올려야 한다. 판매자의 입장이 아닌, 고객의 입장이 필요하다. 구구절절한 제품의 홍보와 노출이 아니라, 소비자들에게 실질적인 도움이 될 수 있는 꿀팁, 정보 전달을 위한 영상을 올리는 것이 반응이 더 좋다.

예를 들면, 주름 개선을 위한 기능성 화장품에 대한 설명 영상을 올리기보다 얼굴 주름의 종류와 개선을 위한 노력, 좋은 음식과 지압은 무엇인지에 대해 안내해 주는 것이 좋다. 다시 말해 노골적인 상품 홍보는 고객들에게 반감을 줄 수 있다. 80%의 정보 전달과 20%의 제품 홍보가 적절한 조합일 것이다.

네이버 블로그가 없다면 지금 바로 운영해야 한다. 당신의 제품과 서비스를 체험한 사람들이 당신의 블로그를 소개하고 노출해 줄 수 있도록 해야 한다. 사업 확장을 위해 개설한 블로그에 글을 올리고 홍보를 위해 노력을 했는데 상위노출이 되지 않을 때가 많다.

상위노출을 위해서는 반드시 키워드를(해시태그에 해당) 제목에 포스팅해야 한다. 명확한 목적성이 있는 키워드, 사람들이 무엇을 검색할 것인가를 생각하고 글과 제목을 선정해야 한다. 사람들이 많이 쓰는 키워드도 확인하고, 경쟁률이 높은 키워드보다 좀 더 세분화된 키워드를 제시해야 한다. 예를 들면 '피부관리'라는 키워드보다 '피부관리를 잘하는 방법'으로 키워드를 제시하면 상위노출이 될 확률이 높다. 따라서 블로그에 글을 쓸 때 키워드를 찾아놓고 글을 써야 한다.

6

문제 제기

최근의 고객들이 나의 사업장을 찾는 대부분 경로는 온라인을 통해서 나의 제품과 서비스를 확인하고 오프라인 매장을 방문하는 경우가 많다. 즉 Online온라인에서 Offline오프라인으로 이어지는 'O2O'이다.

온라인에서 고객들이 내가 업로드한 사진과 정보들을 보고 실제 매장을 방문했을 때 그들이 기대하는 만큼의 퀄리티를 제공하는 것이 중요하다. SNS상의 사진과 메시지는 화려하지만, 실제로 그렇지 못하다면 사업을 지속하기 쉽지 않다. 온라인을 통해 가게를 알게 된 후, 오프라인으로 왔을 때 전문가적인 셋팅이 일치해야 한다. 온라인 홍보용에 그치면 안 된다. 주인은 자신의 왕궁에 온 고객을 맞이하는 제스처, 말 한마디에도 품격을 갖춰야 한다. 가게 주인의 옷차림에 권위가 있는 상태여야 한다.

시장에서 고객을 응대하는 것과 백화점에서 고객을 응대하는 것이 다르지 않던가. 당신의 왕국에 들어온, 초대한 사람을 귀빈처럼 대하라. 비위를 맞춘다기보다, 고객을 존중해 주는 것이 좋다. 간혹, 사업을 하는 사장님들이 고객과 허물없이 지내야 단골손님이 확보된다는 생각으로 '언니', '삼촌' 하면서 친근감을 보여주는 경우를 종종 본다. 하지만 엄연히 비즈니스에서 갑과 을의 관계이다. 친분에 의한 매출 상승은 지속력이 없다. 중요한 것은 비용을 지불하고 그에 합당한 서비스를 제공받을 때 존중받고 있다는 느낌, 대접받고 있다는 느낌을 전하는 것이 핵심이다. 친한 언니, 친구처럼 대하는 것을 경계하라.

가게에 들어온 고객의 니즈를 파악하고 적당한 거리를 유지하면서, 그들의 필요를 정중히 채워주는 것이 필요하다. 고급 호텔을 방문해 보아라. 그들은 수많은 고객 응대 교육을 받았으면, 최종적 결과물을 당신에게 보여 주고 있다. 그들의 미소, 인사, 말투, 행동까지 천천히 관찰해 보아라.

더불어, 고객들의 동선을 살펴라. 어떠한 비즈니스를 하느냐에 따라 차이는 있겠지만, 기본적으로 고급화 전략을 선택했다면 최대한 프라이빗한 공간에서 여유롭고 편안한 분위기를 연출하는 것이 좋겠다. 이를 위해 필요하다면 적절한 인테리어를 하는 것도 고려해볼 만하다. 사람들이 고급 호텔을 선호하는 것도 같은 맥락이다. 그리고 철저히 고객의 입장에서 생각하고 시뮬레이션을 돌려보아라. 정답은 의외로 쉽게 찾을 수 있다. 내가 이 매장의 고객이라고 생각하고 들어오는 매장 입구,

137

대기하는 곳과 실제 제품을 상담 또는 서비스가 진행되는 곳들에 대해 불편함이 없는지, 전문성과 고급스러움이 느껴지는지 스스로 확인해 보면 좋겠다.

필요에 따라, 비싼 비용을 지불해서라도 다른 곳에서는 어떻게 고객을 응대하고, 동선 구조를 만들어 놓았는지 벤치마킹 차원에서 경험해 보기를 추천한다. 창의적인 상상에 의한 것도 좋지만, 많은 것을 보고 경험하면 또 다른 영감을 얻을 수도 있다.

온라인을 통해 매장을 찾은 고객들이 방문 전 기대한 것 정도는 최소한 채울 수 있도록 해야 한다. 이를 위해서는 하드웨어의 명품화 즉 사업장 내의 청결도, 고객의 동선, 인테리어 등을 신경 쓰고 전체적으로 여유롭고 편안한 분위기를 갖춰야 한다. 그리고 소프트웨어의 명품화 즉 사업주의 말과 행동에 전문성을 갖추어야 할 것이다.

프로와 아마추어의 차이는 종이 한 장 차이라고 한다. 즉 내가 이 업계에서 프로라고 스스로 계속해서 이미지메이킹하고 암시를 하며 그에 걸맞은 말과 행동, 노력을 하면 경력 연수에 상관없이 당신은 프로이다. 하지만 단순히 업계에 몸담은 시간만을 가지고 스스로 프로라 생각하고 군림하려 하고, 고객을 존중하는 마음을 가지지 않고, 기존의 실력에 의지만 하려 한다면 아마추어인 것이다. 프로와 아마추어의 차이는 크지 않다. 어찌 보면 당신의 선택 사항인 것이다.

O2O로 고객 유입이 있을 때, 한 번의 방문으로 그치지 않도록 늘 유비무환의 자세로 노력하고 자기성찰을 해야 한다.

| 고객의 지갑을 열지 못하는 이유 4가지

1. 지저분한 인테리어

인테리어는 외부, 내부로 나눌 수 있는데, 멋지고 화려한 인테리어를 말하는 것이 아니라 피부샵에 왔으면 거기에 맞게 깔끔한 상태를 보여 줘야 한다. 내 눈에는 매일 보는 샵, 매일 보는 관리실이기 때문에 제대로 못 느낄 수 있으므로 항상 제3자의 시각에서 샵을 볼 필요가 있다. 화장품에 쌓인 먼지, 지저분한 바닥, 꿉꿉한 냄새, 정리되지 않은 온갖 제품들, 정리 안 된 상담실 등 익숙하고 당연한 것들을 다시 한번 점검해 보아야 한다. 멋진 인테리어보다 제일 먼저 해야 할 것은 버리고, 치우는 것이다.

2. 비전문가적인 복장

자동차 매장에 가면 딜러들은 양복을 입고 있고, 백화점 명품관에 가면 브랜드별 유니폼을 입고 있고, 비행기를 타면 승무원 복장을 입고 있다. 그런데 피부샵에서 피부샵 원장이 입고 있는 것에 신경을 쓰지 않고 동네 관리사 복장을 하고 있다면 과연 고객들의 무의식에는 이 샵이 어떻게 인식이 될까. 병원에 가면 의사들이 가운을 입고 있듯이 피부샵에 오는 고객들 또한 문제가 있는 피부를 개선시키기 위해서 왔다면 원장

의 복장 또한 신뢰감 있고 전문가적인 복장이 되어야 할 것이다. (피해야 될 복장: 앞치마)

3. 대화의 주도권

과도한 설명에 집중해서는 안 된다. 말을 많이 하면 할수록 팔려고 드는 사람처럼 보인다. 상담 시 질문을 통해 고객의 대답을 이끌어내고 니즈를 파악해야 하는데, 그저 고객이 물어보는 질문에 샵 관리가 어떤 게 있고 금액은 이렇고 저렇고 혼자서 떠들기만 한다면 그것은 상담이 아니라 말 그대로 단순 설명에 불과하다. 당연히 티켓팅이 될 리가 만무하다.

4. 자신감

사실상 제일 중요한 부분이다. 팩트만 말하자면 내가 파는 제품에 내가 자신이 없는데 누가 구매를 할 것인가. 그것이 제품이든 관리든 마찬가지이다. 100만 원을 티켓팅해야 피부가 개선되는 게 보일 고객이 있다. 그런데 상담하면서 금액을 자신 있게 얘기하지 못하고 비싸다고 거절하면 어떡하지 하며 지레 걱정한다. 내가 내 관리 금액이 비싸다고 느끼고 거절당할 것 같은 불안을 느낀다면 눈빛, 행동, 목소리로 나타난다. 그것은 나의 자신감의 문제다. 가격은 곧 나의 가치다. 100만 원이든, 300만 원이든 자신 있게 금액을 부르면 그만큼 내가 파는 제품에 자신이 있고 확신이 있기 때문이고, 고객들은 그럴 때 지갑을 열게 된다.

항상 내가 어느 곳에서 고객일 때를 생각하고, 어디 가서 소비가 이루어졌을 때의 그 장소와 분위기 내부, 사람들의 행동, 눈빛들을 생각해보는 것이 중요하다.

7

패턴 분석

마트에 장을 보러 간 당신, 카트에 물건을 하나하나 담는 모습을 상상해 보자. 물건을 구매하면서 이성적인 판단보다는 그동안 써 왔던 제품, '당연히' 있어야 하는 제품들을 대부분 아무런 판단 없이 담고 있지 않은가. 물론 몇몇 제품은 '한번 써 볼까?', '이건 뭘까' 하는 호기심에 담는 물건도 있을 것이다. 이러한 행동 패턴, 소비 패턴을 분석해 보자.

사람들은 자신도 모르게 크면서 살아온 경험을 판단하고 생각한다. 그리고 이러한 경험과 판단은 무의식에 자리 잡게 된다. 사람들의 행동 패턴을 살펴보면 의식적인 행동은 10%, 나머지 90%는 무의식적으로 행동한다. 소비의 패턴도 마찬가지다. 소비자 입장에서 물건을 살 때 각자의 기준이 있다. 그런데 소비의 기준을 분석해 보면 의식이 아닌 무의식이 지배할 때가 많다.

무의식을 적용해 보면, 어떤 물건이든 팔 수 있다. 경험해 보지 못한 상황을 마련하고 판매를 하면 사람들은 호기심을 느끼고 '이건 뭘까' 하는 생각으로 접근하게 한다. 예를 들면, 구강청결제가 대표적이다. 가그린이 처음 출시되었을 때, '입 냄새'라는 무의식을 자극했다. 예전에도 사람들은 물론 느꼈을 것이지만, 가그린은 고객들에게 호기심을 유발하고 '입 냄새'라는 무의식을 끌어 올리면서 판매량을 높여나간 것이다.

얼마 전 한 화장품 회사에서 남성들의 Y존 청결제를 출시했다. 남자들의 Y존 환경을 부각하고, 깨끗하게 유지해야 한다는 무의식을 환기한 것이다. 이로써 남자들은 해당 제품에 관심을 보이고 꾸준한 판매량으로 이어진다고 한다.

한 음식점 사장님이 김치볶음밥을 팔면서 음식에 추억을 덧입혔다. 그래서 양은도시락에 김치볶음밥과 계란후라이를 넣어 옛 추억을 소환시키는 전략을 내세웠다. 50, 60대 사람들에게 호응이 좋다고 한다. 그들의 마음 깊은 곳에 있는 아련한 생각을 마케팅의 전략으로 삼은 것이다.

물론 지금 상황에서는 앞의 제품들이 당연하게 여겨질 것이다. 이제는 고객의 무의식, 잠재의식 깊이 뿌리 박히게 된 것이라 볼 수 있다. 이제 여러분의 상품과 서비스도 이처럼 스토리를 만들고 사람들의 무의식을 어떻게 자극할 수 있을지 고민해야 한다.

사람의 무의식은 여러 측면에서 이용할 수 있고, 그것을 이용하면 못 팔 것이 없다. 사람들은 스스로가 다 알고 있다고 생각하지만 결국 모든 것은 경험에 의해 생겨나는 것이기 때문에 그 무의식을 다룰 줄 알고, 거기에 반응하게 한다면 훨씬 더 많은 것을 얻을 수 있다. 결국 무의식은 통제하느냐 통제당하느냐이기 때문에 판매자 입장에서는 그 부분을 유념해서 공부하고 실제 내 경영에 접목을 해야 되는 것이 필수다.

결과론적으로 보면 쉬워 보이고 당연하다고 여겨질 수 있지만, 생각의 과정은 결코 쉽지 않다. 하지만 꼭 찾아야 하는 보물찾기 같은 것이다. 이러한 치열한 고민이 있을 때 당신은 당신의 사업을 할 수 있는 것이다. 이러한 고민이 귀찮고 정답이 보이지 않는다고 쉽게 포기해 버린다면 사업주가 아닌 소비자로 남아야 할 것이다. 사업가의 길은 그리 녹록지 않음을 명심해야 한다.

그냥 누군가 떠먹여 주는 것이 좋다면 소비자로 남아야 한다. 그래도 사업이 하고 싶다면, 대기업의 프랜차이즈 가맹점으로 사업을 하며 높은 가맹 수수료를 지급해야 할 것이다. 필자는 당신에게 더욱 큰 이익을 얻을 수 있는 넓고 큰 시야를 가지도록 안내하며 그동안의 노하우를 가감 없이 전달하고 있다. 그냥 흘려보내지 않길 소망한다.

누군가는 이 책에 담긴 내용을 사업에 적용하며 한 단계 도약하는 발판으로 삼을 것이며, 누군가는 독서로 그치며 사업과 분리된 생각을 할 수도 있다. 판단은 독자에게 달려 있다. 하지만 깨어 있는 독자로 거듭나길 바란다. 몰입해 보라. 어떻게 더 매출을 높일 수 있을지, 어떻게 나의 제품과 서비스에 스토리를 입히고 고객의 무의식을 자극할지 말이다. 꾸준히 몰입하다 보면 분명 정답은 아니지만, 해답을 얻게 될 것이다. 그리고 수많은 해답을 시도하다 보면 정답을 찾을 수 있을 거라 확신한다.

06

성공하는 사업의 원칙
4단계

1

갑과 을의 포지셔닝

'손님은 왕이다. 고객은 슈퍼 갑이다. 그들에게 최고의 만족을 주도록 노력한다.' 이 말에 동의하는가? 필자는 이 말의 반은 맞고 반은 틀렸다고 생각한다. 우리는 흔히 사장은 슈퍼 을, 고객은 슈퍼 갑이라고 생각한다. 그러나 필자는 반대라고 생각한다. 사장은 갑이고, 고객은 을이다.

어떤 제품을 팔거나 비즈니스를 함에 있어 사장은 자기 사업에 있어 최고의 전문가이다. 즉 해당 분야의 권위자로서의 모습을 보여주어야 한다. 다시 말해 친절한 태도로 고객을 응대하지만, 판매 성사를 위해 굴욕적인 응대를 하지 않는다는 것이다. 친절하되 원칙은 지킨다는 것이다.

"대표님, 그게 가능할까요. 한 달 월세와 관리비 등 고정지출이 있는

데 찬밥 더운밥 가릴 수 있을까요?"

사업을 취미로 한다고 비아냥거릴 수 있다. 내가 원하는 고객만 받는다는 생각이 잘못된 것이 아닌가 의아해할 수도 있다. 그런데 정확히 말하면, 타켓 고객을 세밀화하는 것이다. 예를 들어, 옷가게 사장이 단순히 유니클로와 같은 대형 매장처럼 모든 종류의 의류를 다 가져다 놓기란 쉽지 않다. 그러니 철저히 타켓 고객을 정확히 해야 한다는 것이다.

옷을 판매하는데, 여성 옷을 판매할 것이다. 그리고 30대 여성복을 전문으로 한다. 그런데 대부분 여기까지가 다일 수 있다. 여기서 한 발 더 나아가 보자. 30대 여성복 가운데 임부복을 전문으로 한다. 그리고 또 한 발 더 나가면, 30대 여성이 출근 때 입을 수 있는 임부복을 판매한다는 것이다.

화장품을 판매한다고 하자. '30대 여성 화장품을 판매한다'에서 두 걸음 더 나아가보자. 30대 여성 기능성 화장품 판매를 한다. 한 걸음 더 나아가 '30대 기미 개선 기능선 화장품 판매'라는 컨셉으로 사업 계획을 잡아 보는 것이다.

백화점식 제품 판매가 아니라, '특정 제품 = 나의 브랜드'라는 공식이 성립되도록 제품과 서비스의 컨셉을 아주 뾰족하게 세밀화하는 것이 더 효과적이다. 이는 구매자의 동네에서 흔히 어디서든 구할 수 있는 제품을 판매하는 것이 아니다. 특정 부분의 문제를 해결하는 데 도움을 주는 제품, 서비스라고 해서 구매층이 줄어들 거라 생각할 수 있다. 만약 당신의 비즈니스 범위가 오프라인에 집중되어 있다면, 금방 한계에 다다를 수 있다. 그런데 온라인까지 사업 범위를 확대한다면 당신의 제품, 서비스를 필요로 하는 사람들이 전국, 심지어 해외에서 당신을 찾을 것이다. 타켓팅이 정확하다면, 구매자는 꼭 당신의 제품, 서비스만이 자신의 문제를 해결해 줄거라는 깊은 신념이 있기 때문이다.

온라인으로 당신의 사업을 적극적으로 홍보하고 마케팅 작업을 계속해 나가야 한다. 다음의 3가지를 명심했으면 한다.

첫째, 노골적으로 홍보성 멘트를 보이지 마라. "여드름 고민을 해결해 줄 제품을 찾으시나요? 먹는 여드름 약이 아닌 바르는 여드름 약을 찾고 계신가요?"3와 같은 멘트보다는 "피지가 피부 밖으로 배출되지 못하고 모낭 주위에 갇히면 염증을 불러일으키는 박테리아가 번식하는데, 이것이 여드름이 됩니다. 여드름은 호르몬 변화, 세균 감염, 유전성 요인 등으로 발생한다고 여겨집니다."와 같이 정확한 정보와 전문적인 지식에 기반한 내용으로 전문가의 권위를 세운 후 이러한 자료에 근거한 제품을 넌지시 소개하는 것이다. 홍보와 광고라 하여 처음부터 끝까지 제품 홍보를 하는 것이 아니라, 왜 자신의 제품과 서비스가 필요한지에 대한

3 서울아산병원 www.amc.seoul.kr/ 홈페이지 건강 정보 인용

내용을 전문가적인 관점에서 풀어가는 것이 중요하다.

둘째, 꾸준함이 무기이다. 한국 사람들이 제일 많이 이용하는 검색 엔진은 단연 네이버다. 따라서 네이버 블로그는 자신의 제품, 서비스 홍보에 좋은 플랫폼이다. 하지만 블로그를 개설하고 글 1~2개 작성했다고 해서 바로 당신이 작성한 글이 상위에 노출되지 않는다. 소위 활성화된 블로그가 되어야 어떠한 글을 써도 상위노출이 가능하다.

활성화 블로그가 되기 위해서는 꾸준히 글을 한 달 이상 써야 한다. 단순히 홍보성 글을 반복해서 올린다고 해서 되는 것이 아니다. 포스팅에 정성을 쏟아야 한다. 글, 사진, 관련성 깊은 동영상까지 말이다. 더불어 의미 있는 키워드까지 담겨야 한다.

셋째, 천천히 다가가는 것이다. 누군가 당신에게 제품 판매만을 목적으로 다가온다면 어떠한가? 강한 거부감이 들지 않는가. 인스타그램, 페이스북에 단순 제품 홍보글만 올릴 것이 아니라 사업이나 제품에 관한 이야기를 다양하게 적어보자. 판매자와 구매자와의 관계가 아니라 사람 대 사람으로 글을 적어보자. 사람 냄새 나게 말이다.

하나의 포스팅을 한다고 하면 홍보 부분은 약 20% 정도만 쓰고, 나머지는 고객을 위한 정보 전달과 다른 고객의 이야기를 내러티브적으로 들려주자. 고객은 '내가 하는 고민을 다른 사람들도 하고 있었네. 그 사람들이 해당 문제를 해결했구나' 하면서 계속해서 당신의 글을 구독하고 팔로우 할 것이다. 성급해지면 진다. 억지로 팔로우 숫자를 늘리려 하지 마라. 물론 처음 계정 개설 후에는 타켓 고객을 먼저 찾아가는 노력이 필요하지만, 시간이 흐를수록 당신의 해시태그를 통해 천천히 고객들이 유입됨을 발견할 수 있다.

당신의 수익모델 구조에서 오프라인만을 초첨에 둔다면, 큰 매출 증대는 기대하기 어렵다. 어떻게 온라인을 통해 수익모델을 만들 것인지 고민하라. 온라인을 통해 당신의 비즈니스를 계속해서 알려야 한다. 당신의 사업장과 가게에서 어떠한 일들이 벌어지는지 사람들에게 계속해서 알려야 한다. 당신이 제공하는 제품, 서비스를 정확히 필요로 하는 사람이라면, 전국 각지에서 당신에게 연락을 할 것이다. 그렇다면, 여러분은 전문성을 가지고 소위 '나만 믿어라. 당신의 문제를 해결해 줄 적임자는 나다'라는 생각으로 그들에게 신뢰를 주는 것이 구매와 이어지는데 관건이다. 그들은 확실히 자신이 안고 있는 문제를 해결해 줄 수 있다면, 높은 비용도 과감히 지불할 것이다.

세라톤 10계명

우리는 가 보지 않은 곳을 갈 때 네비게이션을 활용한다. 네비게이션은 친절하게 안내해 준다. 사업을 시작하는 것도 우리가 겪어보지 못한 미지의 세계로 떠나는 것과 같다. 어떠한 상황에 놓이고, 어떠한 고객을 만날지 알 수 없다. 하지만 분명한 원칙을 설정해 둔다면, 예상하지 못했던 일들에 대해 나름의 대처방법을 가질 수 있다.

'세라톤 10계명'은 나에게 네비게이션과 같은 역할을 한다. 이 책을 읽는 독자에게도 지름길을 안내하는 이정표가 되었으면 하는 바람이다.

1

단순하고 무식하게 살아라

때로는 복잡하게 생각만 하기보다
일단 해 보는 게 가장 빠른 지름길이다.

일을 처리하는 방식에는 크게 두 부류의 사람이 있다. 모든 것이 완벽히 준비된 상태에서 일을 진행하는 사람이 있는 반면, 부딪혀 시행착오를 겪으면서 일을 배워가는 사람이 있다.

아인슈타인은 전 생애에 걸쳐 학문을 연구한 결과 '상대성 이론'을 발표한다. 즉 그의 학문적 업적은 상대성 이론 하나로 대변된다. 하지만 피카소의 경우는 다르다. 그는 세계적인 작품뿐만 아니라 많은 습작과 초상화 등 약 만 개 이상의 작품을 그의 생애에 남긴 것으로 전해진다. 아인슈타인, 피카소 모두 세계적인 거장이다. 그러나 그들의 도전 방식은 확연히 다름을 알 수 있다.

필자는 사업을 하는 데 있어, 신중함과 꼼꼼함도 필요하지만 부딪히며 배워나가는 도전정신도 필요하다고 본다. 한쪽에 치우치기보다는 양쪽의 장점을 살려 사업가의 정신을 발휘하는 것이 필요하다.

2

남과 비교하지 마라

남과 비교하지 말고
어제의 나와 오늘의 나를 비교해야 한다.

남과 비교하지 말고 어제의 나와 오늘의 나를 비교해야 한다.

외상외과 의사인 이국종 씨가 한 매체와의 인터뷰에서 말한 내용이 기억난다. "남의 인생은 성공한 것처럼 보이고, 행복하며 멋져 보일 수 있다. 그러나 인생이 아무리 화려해 보여도 결국 우울한 종말이 찾아온다. 구내식당 점심 반찬이 잘 나온 것과 같은 사소한 일에라도 행복을 느끼지 않으면 견딜 수 없다."

삶의 작은 변화와 작은 행복에 만족감을 누리며 살아가야 한다. 이것이 삶의 근심 걱정을 이기는 에너지이다. 사업가로서 살아가면 일반 직장인보다 훨씬 많은 스트레스에 노출된다. 그래서 마음 관리가 중요하다. 다른 사람과 비교하기보다, 자기 삶의 소소한 일상에서 깊은 행복을 느끼며 하루하루 살아가는 내공이 필요하다.

가끔 필자에게 사람들이 이렇게 이야기한다. "대표님은 젊잖아요. 미인이서서 사업이 잘되는 것 같아요. 원래 잘하셨잖아요."라고 말이다. 그런데 이런 말은 썩 유쾌하지 않다. 보이는 게 다가 아니라고 이야기한다. 보이지 않는 곳에서 부단한 노력을 할 거라는 생각은 왜 하지 못하는가. 오리가 유유히 흘러가지만 물 아래서는 물갈퀴질을 얼마나 열심히 하고 있겠는가. 누군가의 성공을 쉽게 치부하는 것은 옳지 않다. 성공은 그냥 얻어지는 것이 아니다. 으레 사람의 겉모습을 보고 자기 합리화를 하는 것은 옳지 않다.

3

어떤 상황에서도 변명하지 마라

상황이 바뀌어도 어차피 안 했을 거다.

사업을 하는 지인들과 만나 이야기를 나눌 때가 있다. 하지만 그들의 입에서는 긍정적인 말보다는 사업이 힘든 여러 가지 이야기들이 쏟아져 나온다. 그들의 이야기를 듣고 있노라면 한국의 경제상황은 한 번도 좋은 국면에 있었던 적이 없었던 것 같다. 늘 불경기 국면이고, 소비심리는 위축되어 있는 듯하다. 가게의 입지가 좋지 않아서, 인테리어가 구식이어서, 경기가 좋지 않아서 등등 사업이 어려운 이유들이 참 많다.

『인생에 변명하지 마라』의 저자 총각네 야채가게 이영석 대표는 저서에서 이렇게 말한다. "경기가 안 좋다고 힘들다고 고민만 하는 사람들. 하지만 경기가 아무리 좋아도 문 닫는 집이 있고, 아무리 어렵더라도 잘되는 집은 여전히 잘된다. 경기가 좋기만 하면 더할 나위 없이 좋겠지만, 안 좋아진 경기를 어떻게 하겠는가? 내가 경기를 좋게 만들 수는 없다. 하지만 안 좋은 경기 속에서도 장사를 잘할 수 있는 방법을 고민하는 것. 그것이 내 역할이다."

어차피 사업가로서 전체적인 경제 상황을 바꿀 수 없다. 바꿀 수 없다면 상황을 받아들이고, 돌파할 방법을 계속 고민해 보아야 한다. 사업이 안된다고 불만을 늘어놓기보다, 새로운 아이디어와 공부를 통해 사업의 전환점을 맞이할 방법을 찾아보아야 한다.

4

백 마디 말보다 결과로 증명해라

증명하지 못하면
그만큼 노력하지 않은 것이다.

고객이 당신의 서비스를 선택하는 데 있어서의 기준은 무엇일까. 가격, 품질, 브랜드, 상품평 판매자의 능력 등 다양한 요인들이 복합적으로 작용할 것이다. 감이 잘 오지 않는다면, 당신이 고객이라고 생각을 해 보자. 어떠한 판단을 할 것인지, 이 상품을 선택할지 상상해 보라.

예를 들어, 인터넷 쇼핑몰에서 이어폰을 구매한다고 가정하자. 여러 쇼핑몰을 검색하고, 몇 가지 상품을 후보군에 올릴 것이다. 그리고 최종적으로 소비자들의 평가를 확인할 것이다. 판매된 개수, 평점, 그리고 소비자들의 후기가 상품 선택에 중요한 기준이 될 거라 생각한다. 혹은 지인의 추천으로 특별한 고민 없이 바로 상품을 구매할 수도 있다.

그렇다. 소비자의 심리를 파악해야 한다. 당신이 지금 판매하는 상품에 대해서 얼마나 많은 소비자들이 구매하고 관심을 보였는지를 증명해 보이면 된다. 그것은 인스타 팔로우 숫자일 수도 있고, 블로그의 이웃 및 방문자 숫자일 수도 있다. 또한 유튜브의 구독자, 많은 상품 후기로 증명될 수도 있다. 다시 말해, 판매자의 화려한 언변이나 설득으로 판매가 성사되기보다, 다수의 소비자가 선택했으니 믿을 만하겠다는 심리가 더 크게 작용한다는 것이다.

그러니 시간이 돈이 되도록 해라. 구매 고객들로부터 받은 구매평을 꾸준히 업데이트해라. 그리고 많은 사람들이 볼 수 있도록 계속해서 노출시키는 전략이 필요하다. 즉 말이 아닌, 결과로 이를 증명하는 것이 중요하다.

5

자신감과 자만심은 다른 것이다

자신감이 있다는 것은
내가 말하지 않아도 상대방이 느낀다.

언젠가 지인들과 함께 자신감과 자만심의 차이에 대해 이야기를 나눈 적이 있다. 지인들의 생각에 깊이 공감했던 기억이 있다. 그는 이렇게 설명했다. 자신감이란 자신이 쌓아 올린 실력과 능력에 자부심을 느끼고, 이를 앞으로도 꾸준히 발전시켜 나가겠다는 확신이 있는 마음이라고 했다. 그리고 자만심은 자신이 쌓아 올린 실력과 능력에 자부심을 느끼고 그것에 안주하려는 마음이라고 했다. 다시 말해, 현재의 상황을 기준으로 앞으로 꾸준히 노력해서 자신의 사업과 실력을 확장시키겠다는 성실한 마음의 유무에 따라 자신감과 자만심을 구별할 수 있다고 한다. 또 한 명의 지인은 자신감과 자만심의 기준을 누가 인정해 주느냐에 달렸다고 말한다. 즉, 자신감은 자신의 성과와 능력에 대해 주변 사람들이 인정해 줄 때 생기는 것이고, 자만심은 자기 스스로 과시하고 인정하려는 마음을 말한다고 구분했다.

두 사람의 의견을 종합해 보면, 자신감은 더 나은 미래를 위해 부단히 노력하고 안주하지 않으며 스스로에게 겸손한 마음으로 정리된다. 그리고 자만심은 과거의 성과를 돌아보며 안주하고, 막연히 미래에도 잘될 거라는 생각에 자신을 과신하는 태도로 정리된다.

글자 하나 차이지만, 어떠한 마음가짐을 가지느냐에 따라 비즈니스의 방향은 확연히 달라질 수 있을 것이다. 지금 당신의 생각의 방향에 따라 사업의 1년 후, 3년 후의 모습이 달라질 수 있음을 명심해야 한다.

6

잔욕심은 파국이다

눈앞의 푼돈에 흔들린다면
큰돈은 절대로 만질 수 없다.

북아프리카에서는 원숭이를 다음과 같은 방법으로 사냥한다. 조롱박 한쪽에 원숭이 손이 들어갈 정도의 구멍을 내고 안쪽에 원숭이가 좋아하는 견과류를 넣어 놓는다. 그리고 이를 나뭇가지에 단단히 매달아 놓으면 원숭이가 쉽게 잡힌다고 한다. 원숭이는 견과류의 냄새를 맡고 조롱박 안쪽으로 손을 집어넣는다. 그리고 자신이 원하는 것을 움켜쥔 원숭이, 하지만 손이 조롱박에서 빠져나오지 못한다. 결국 원숭이는 자신이 원했던 견과류를 내려놓지 못하고 원주민에게 잡히게 된다.

소탐대실. 작은 것을 탐하다 결국 큰 것을 잃게 되는 것이다. 소비자의 불만, 환불 요청에 대해서 완강하게 부인하고 회피하려고 하는 사업주가 있었다. 3만 원 손해 보면 해결될 것을 자존심 내세우며 끝까지 환불을 거부했다. 화가 난 소비자는 온라인에 악성 댓글을 달기 시작했고, 사업주는 근거 없는 루머라며 소모적인 대응을 계속하다 결국 폐업하게 되었다.

작은 이익을 쫓다가 큰 이익을 잃게 되는 경우는 사업을 진행하다 보면 흔히 겪게 된다. 조금은 여유로운 마음으로 고객을 응대하고, 때로는 "내려놓기" 전략으로 한 걸음 물러나 더 큰 이익을 기다리는 지혜를 발휘할 필요가 있다. 똥이 무서워서 피하는 것이 아니라 더러워서 피한다고 하지 않던가. 근거 없는 사실 유포나 허위 루머에 대해서는 대응해야겠지만, 사소한 고객 불만과 요청에 대해서는 기분 좋게 마무리하고 오히려 발전적인 곳에 에너지를 집중하는 것이 현명하다. 소실대탐의 자세가 필요하다.

7

욕먹는 것을 두려워하지 마라

유명해질수록 안티는 생긴다,
욕은 훈장이다.

중장비, 트럭의 대명사로 여겨지는 볼보자동차는 스웨덴의 대표 기업이다. 그런데 지금의 볼보가 있게 된 데는 위기에서 용단을 내린 레이프 요한슨의 공이 크다. 그는 1997년 볼보자동차의 체질 개선을 단행한다. 당시 경쟁력이 떨어지는 자동차 부분은 매각하고 중장비, 트럭에 사업 역량을 집중한 것이다. 이러한 결정에 대해 스웨덴 국민들은 매국노라는 격한 단어까지 써가며 수많은 비난을 쏟아냈다. 스웨덴을 상징하는 기업을 매각했으니 이해가 되는 대목이다. 하지만 볼보는 화려하게 재기에 성공했다.

당신의 비즈니스가 탄탄대로를 걷고 있다면, 매출이 오르고 고객의 수가 많아지는 만큼 안티도 서서히 증가하게 됨을 자연스레 받아들여야 한다. 경쟁업체가 당신의 성공 가도를 가만히 두지 않을 것이다. 품질에 대한 공격, 가격에 대한 공격 등이 진행될 것이다. 이러한 공격, 때로는 어이없는 공격에도 의연하게 대처할 수 있는 내공이 필요하다. '우리 사업이 잘되어가고 있고, 이 업계에서 꽤 주목을 받고 있구나'라고 생각하면 된다. 스스로 옳다고 생각하는 길을 묵묵히 걸어가는 것이 중요하다. 최고의 적은 주변 환경도, 경쟁업체도 아닌, 바로 자기 스스로임을 잊지 말자.

8

모든 선택은 내가 한 것이다

누구도 탓하지 마라,
탓할 일이 있다면 다 내 탓이다.

로버트 프로스트ROBERT FROST의 「가지 않은 길The road not taken」이라는 시의 마지막 부분에 이러한 시구가 있다.

"먼 훗날 어디에선가 / 나는 한숨을 쉬며 말할 것입니다. / 숲속에 두 갈래 길이 있었는데, / 나는 사람이 적게 간 길을 택했노라고, / 그래서 모든 것이 달라졌다고."

최고의 협상 전문가로 불리는 허브 코헨은 그의 저서 『협상의 법칙』에서 우리는 하루에도 순간순간 수많은 선택을 하며 살아간다고 한다. '점심은 무엇을 먹을까', '이 다음에는 어떤 일을 할까', '불만 고객에게는 어떻게 첫 말을 열까', '오늘 미팅에는 어떠한 옷을 입고, 어떻게 나의 비즈니스를 설명할까'처럼 순간순간이 선택의 연속이라고 말한다.

그는 모든 협상과 선택에서 중요한 기준 3가지가 정보, 시간, 힘이라고 강조한다. 충분한 사전조사로 관련 내용을 숙지하고 협상하며, 기회비용은 무엇이며 효율성은 얼마나 높은지 고민하는 것이다. 더불어 자신의 선택에 얼마만큼의 에너지가 소모되는지에 대한 고민이 필요하다는 것이다.

사업을 진행하다 보면 '그때 다른 선택을 했어야 했는데'라는 후회의 순간이 찾아온다. 물론 안타까운 순간이다. 하지만 그러한 수렁에서 빨리 빠져나와 현실에서의 대안을 찾도록 노력해야 한다. 지나간 것에 연연하지 않아야 한다. 이를 발판 삼아 추후 선택에 도움이 된다면 충분하다. 더불어 '누구 때문에', '돈 때문에'와 같이 자기 선택에 대한 핑곗거리를 찾으려 하지 말아라. 자신의 합리화는 자칫 추후에도 그릇된 선택을 할 수 있는 요소가 된다. 스스로를 객관화하려고 노력해라. 정확하게 봐야 나중에 같은 실수를 하지 않는다.

9

위로보다 동경을 찾아라

성공하고 싶다면 위로를 주는 곳보다
나보다 잘난 사람들이 있는 곳으로 가라.

"배를 만들게 하려면, 배 만드는 법을 가르치려 하지 말고, 바다를 동경하게 하라." 생떽쥐베리의 『어린왕자』에 나오는 문구이다. 사업을 하다 보면 매출과 수익이 오르지 않아 심리적으로 어려움을 겪을 때가 있다. 그래서 누군가에게 기대고 싶어지고, 자신의 사업과 관련 없는 것에 기웃거리며 눈을 돌리게 된다. 하지만 뒤돌아보면, 그러한 방황은 누구나 겪는 성장통이며 더 큰 미래를 바라보며 내적 동기를 키우는 데 집중해야 한다.

사업이 생각대로 잘 풀리지 않고, 원하는 방향대로 흘러가지 않을 때 술과 친구에 기대지 않아야 한다.

암흑 속의 터널 한가운데 있는 당신을 꺼내줄 수 있는 사람은 당신과 같은 과정을 겪고, 이를 이겨낸 사업 선배들이다. 다시 말해 멘토들을 찾아 떠나야 한다. 당신이 닮고 싶은 롤모델을 찾아 떠나야 한다. 당신이 지금 처한 현실을 어떻게 극복하고 승승장구할 수 있는지 그들 곁에서 보고 배우고, 모델링 하려고 부단히 노력해야 한다. 비용을 지불해서라도 그들의 생각과 사업 방식, 노하우를 습득하려고 해야 한다. 다시 허리띠를 졸라매며, 초심을 회복하는 시간이 필요하다. 그래야 사업이 한 단계 올라가고, 서둘러 긴 터널에서 빠져나올 수 있다.

10

인생에서 why를 빼지 마라

인생에 마침표란 없다,
있다면 그것은 죽음이다.

늘 고민하고 스스로에게 질문해야 한다. '왜 매출이 오르지 않고 지지부진할까', '왜 매출이 올랐을까'라고 말이다. 잘 풀리지 않으면 원인이 무엇인지 분석하고 정리한다. 반대로 사업이 승승장구한다면 왜 그러한지 분석해야 한다. 분석하고 정리하고 생각한 것을 사업 일기로 기록해야 한다. 역사는 되풀이되듯이 성공과 부진도 되풀이될 수 있다.

기록되지 않은 것은 기억할 수 없지 않은가. '왜 안될까', '뭐가 문제일까', '어떤 요인으로 매출이 오르는 걸까' 스스로 계속 문제를 던지고 고민해야 한다. 고민의 종지부를 찍지 말고 계속 물음표를 던져라. '성찰의 시간'을 가지는 것이다. 우연히 잘된다면 그것은 운에 따른 것일 수 있다. 전략과 방법에 의한 매출 성과라면 추후에 다시 매출 증대를 노릴 수 있다. 즉 운은 실력이 아니다. 운에 의해 사업이 성공할 수도 있지만, 금세 실패할 수도 있다.

주식투자를 하는 지인은 우연히 주식을 시작했다가 꽤 높은 수익률을 기록했다. 비결을 묻자, 타이밍이 좋았다고 한다. 누가 추천해 준 종목을 샀는데 급등했다고 한다. 실제로 본인의 실력이 아닌 정말 행운이 작용한 것이다. 이후 지인은 달콤한 수익의 추억을 잊지 못하고 소위 '감'에 따른 투자를 하다가 꽤 손실이 나고 있다.

무엇이든 자신의 실력이 기반되지 않은 운에 따른 수익은 결국 내 돈이 아닌 것이 된다. 분석해야 한다. 철저히 말이다. 베테랑 배우조차도 늘 새로운 캐릭터에 대해 고민하지 않는가? 익숙하고 당연하다고 생각하는 순간 안주하게 되고 발전이 더디게 된다. 알고 있는 것, 확신에 찬 것조차도 점검하고 확인하며 생각하는 습관을 가져야 한다.

일관성＝카리스마

살면서 한 번쯤은 무언가에 미쳐본 적이 있는지 생각해보니 나는 남자, 일, 노는 것에 미쳐본 적이 있는 것 같다. 너무 좋아하는 사람을 만나 온 마음을 한 사람에게만 쏟아부어 본 적도 있고, 일을 할 때는 해당 업무에만 온전히 신경을 쏟았으며, 노는 것에 빠졌을 때는 미친 듯이 매일매일 놀기만 했던 적도 있다. 무엇인가를 선택할 때 나는 걱정보다는 지르는 쪽이었고, 선택을 했으면 경주마처럼 앞만 보고 달렸다.

샵을 오픈하겠다고 마음먹은 순간부터도 오픈만 생각했고, 오픈 후 어영부영 갈피를 잡지 못하고 이것저것 하다가 만난 회사에 매료되어 지금은 오직 그것 하나만을 집중해서 하고 있다. 모든 사람이 같은 가치관일 수 없고, 뭐가 맞고 뭐가 틀렸다고도 할 수 없다. 누가 보면 '참 세상 단순하게 산다.'라고도 할 수 있다. 하지만 이리저리 부딪히다 보니 한

가지는 확실하게 알게 되었다. '지금 이 시대에서 뾰족하지 않으면 살아남을 수 없다는 것을.'

특히나 1인샵이 급격하게 넘쳐나고 있는 지금 상황에서는 더더욱, 고객을 나눠 먹기 할 수도 없지 않나. 나만의 무기, 시그니처가 없다면 노동과 비례하는 수익밖에 얻지 못하는 것이 현실이다. 하나를 제대로 알기에도 시간이 빠듯하다. 내가 가진 상품 하나도 제대로 누군가에게 온전히 전달하지 못하면서 구색만 갖춘다고 그것이 해결될 거라 생각한다면 큰 오산이다. 세상은 급격하게 바뀌고 있는데 아직도 남들이 하는 대로 흘러가고 있다면 안타깝다.

어느 업계든 한번 둘러보길 바란다. 각 분야에서 빛이 나는 사람들을 보면서 과연 이것저것 '구색병'에 걸려 있는지, 아니면 한 놈만 패고 있는지 말이다. 일관성은 곧 "카리스마"다. 명품 마케팅을 한번 곰곰이 생각해보길 바란다. 결국 줏대 없이 이리저리 휘청거리다 보면 큰 파도가 왔을 때는 흔적도 없이 잡아먹힌다.

요즘 어디서든 강조하는 것 중 하나가 바로 "퍼스널 브랜딩"이다. 페르소나, 아이덴티티, 나만의 컨셉, 브랜딩 등등 많이 들어본 이 단어들은 결국 남들과는 다른 나만의 무엇인가가 있어야 뭘 하든 된다는 뜻이다. 그런데 사실 우리나라에는 장인이라는 것이 없다. 그 말인즉슨 미친 듯이 끝까지 하나만 하는 사람들이 없다는 뜻이다. 한국 사람들은 구색병에 걸려 있다.

처음 창업을 할 때는 자기만의 아이덴티티, 컨셉이 있다 하더라도 결국에는 초심을 잃고 구색병에 걸린다. 예를 들어 설렁탕을 파는 집이 있다고 가정해보자. 초반에는 열심히 설렁탕만을 팔다가 손님의 수가 줄거나, 간혹 메뉴가 너무 단조로워 몇 개 더 있어야 되겠다는 손님들의 의견을 듣기 시작하면 하나밖에 없던 메뉴에서 사이드 메뉴, 찌개류 등등 하나씩 구색이 갖춰지기 시작한다. 그럼 그때부터 그곳은 설렁탕 장인의 집이 아니라 김밥천국이 되는 것이다. 결국 처음과 같은 마음을 가지고 끝까지 일관성 있게 경영하는 사람들이 거의 없다.

필자가 정의하는 브랜딩이란 "일관성"이다. 그렇다면 이 일관성은 어디서 나올 수 있느냐 하면 바로 스스로의 확고한 신념에서 나온다. 그리고 그게 제대로 박혔다면 그때부터는 어떠한 상황에서도 흔들리지 않는 강인한 태도가 나온다. 가령 앞에서 말했던 설렁탕 전문점에 온 몇 명의 고객들의 메뉴 추가에 대한 의견을 "개무시"한다는 것이다. 오히려 설렁탕집에서 다른 것을 찾는 고객들을 과감히 쳐낼 수 있는 강단이 필요한데 이것이 바로 나의 확고한 신념에서 나오는 것이다.

명품을 한번 생각해보자. 명품이 누구나 갖고 싶어 하고 브랜드가치가 엄청날 수밖에 없는 이유는 무엇이라고 생각하는가? 바로 "일관성"이다. 보통 브랜드가 만들어지기 전에 대중의 불평불만이나 의견들이 나오는데, 명품도 당연히 처음부터 명품이 아니었을 터, 네임드가 되기까지 비싸다, 불편하다, 왜 기다려야 되냐 등등 많은 피드백을 받아왔을 것이다. 그럼에도 그들은 처음 만든 아이덴티티를 끝까지 지켜내고 "일관성"을 유지했다. 오히려 더 비싸게 가격을 올려버리고, 웨이팅은 기본으로 무조건 하게끔 셋팅을 하고, 심지어 어떤 고가의 명품브랜드는 일정 구매 이력이 있어야만 가방을 살 수 있는 조건을 부여해왔다. 하지만 지금 사람들의 인식은 어떠한가. 결국 옳았다 옳지 않았다는 시간이 지나고 나서 알게 된다. 결코 대중들은 내 브랜드에 대해서 깊이 고뇌하고 말을 던지지 않는다. 그저 그냥 쉽게 던지는 말들일 뿐, 가이드를 제시하는 것은 바로 "내"가 되어야 한다.

사람들의 무의식에는 비싼 건 좋은 것, 싼 건 비지떡이라는 생각이 깊에 박혀 있다. 그래서 고객이 뱉는 비싸다는 말은 절대로 믿어서는 안된다. 그렇지 않다면 왜 명품을 사서 사진 찍고 자랑하고 싶어 안달 내고 하루 종일 기분이 좋은 거냐 말이다. 그렇게 싼 것이 좋으면 만 원짜리 보세 가방을 사도 싼 거 사서 좋다고 동네방네 자랑하고 다녀야 맥락이 맞지 않겠는가.

결국 비싼 것이 자꾸 보이고 보편화가 되면 사람들은 따라 하게 되어 있다. 그때부터는 그 브랜드의 감성, 가치가 더해지기 때문이다. 그러니 브랜딩을 제대로 하고 싶으면 지금부터 스스로의 아이덴티티를 명확히 하고, 그것이 정해졌다면 흔들리지 않는 소나무처럼 끝까지 지켜내길 바란다.

4

후리소매

보통 장사를 한다고 하면 많은 사람들은 박리다매 방식을 떠올린다. 이 윤을 조금 남기고 많이 판매하는 방식을 택한다. 필자 역시 사업 초기에 는 그러했다. 사업장에 많은 사람들로 북적이길 바랐다. 그래서 주변 가 게들보다 서비스 가격을 낮게 책정해 사람들이 줄짓도록 한 것이다. 그 런데 박리다매 방식의 사업은 필자로 하여금 몸과 마음을 지치게 했다. 시간에 쫓기며 많은 고객을 응대하며 소위 미친 듯이 일했지만 손에 쥐 는 이익은 많지 않았다.

이때, 갈등의 기로에 서게 되었다. 다시 본래의 서비스 가격으로 되돌 리느냐 지금처럼 박리다매 방식을 고수할 것이냐이다. 혹시나 서비스 가격을 올릴 경우, 사람들의 마음이 돌아서지 않을까 하는 생각에 함부 로 결단을 내리기 힘들었다.

사업 방향에 대해 고민할 때, 필자는 참 귀한 멘토를 만나게 되었고 그의 사업철학을 따르게 되었다. 박리다매를 사업의 철칙처럼 믿고 있었던 필자의 생각을 한 번에 깨뜨린 사람은 바로 장윤성 대표이다. 그의 생각은 확고했다. 바로 후리소매이다. 적게 일하고 많이 버는 전략이다. 즉 박리다매와는 정반대의 개념이다.

노동 시간이 적게 들어간다면, 고객에게 더욱 정성스럽고 고품격의 많은 서비스를 제공할 수 있게 된다. 어떤 기술보다는 사업가적인 마음이 중요한 것이다. 모든 고객의 마음을 사로잡으려 들면 피곤해진다. 나의 서비스를 필요로 하는 몇몇 사람들을 위해 최고의 서비스를 제공하는 것으로 사업 방향을 재설정하게 된 것이다. 소위 '아무나, 누구나'에게 파는 것이 아니라, 나의 서비스를 절실히 필요로 하는 사람에게만 상담을 하고 판매를 하는 것이다. 다시 말해, 사업에 대한 기존의 시선과 다르다. 이는 자신이 제공하는 상품과 서비스에 대한 충만한 자신감에 기반한 것이다.

예를 들면, 피부관리실을 운영한다고 하자. 대부분의 사업주는 모든 사람들을 대상으로 피부관리 상담을 진행할 것이다. 또한 언제든 자신의 샵을 찾는 사람에게 무료로 상담해 줄 것이다. 현재 샵에 고객이 없는 상태에서 고객이 피부관리를 요청해 온다면 즉시 관리를 해줄 것이다. 마지막으로 관리 비용은 일반 샵들과 가격이 비슷하거나 오히려 저렴하여 많은 고객을 유치하고자 할 것이다.

하지만 후리소매의 전략을 적용하면 운영 방식은 확연히 달라지게 된다. 먼저 피부관리샵은 남성 전문이냐 여성 전문이냐로 구분한다. 그리고 또 분야를 세분화한다. 여드름, 기미, 주근깨, 피부트러블 고민 등으로 나누고 해당 문제를 가진 고객만을 응대한다. 그리고 예약 없이는 관리를 받을 수 없다. 관리를 받기 위해서는 3단계를 거쳐야 한다.

첫째, 현재 자신의 피부상태 및 피부관리 상황에 대한 설문을 온라인으로 작성하여야 한다. 둘째, 관리 전 샵에서 유료 대면 상담을 진행한다. 온라인으로 설문한 내용을 바탕으로 전문관리사가 피부 상태를 점검하고, 어떻게 관리할지에 대한 방향, 제품 선택 등에 대해 컨설팅을 진행하는 것이다. 셋째, 최소한 일주일 후에 관리를 받을 수 있다. 내일 샵에 예약 고객이 없다고 할지라도 일주일 후에 관리를 받게 하여 간절함을 가질 수 있도록 하기 위함이다.

"관리를 받기까지의 과정이 이렇게 까다로워서 고객들이 관리를 받을까요?"라고 반문할 수 있다. 필자 역시 그렇게 생각했다. 그런데 3단계를 거치면서 나와 맞지 않는 고객, 나를 절실히 필요로 하지 않는 고객들은 어느 정도 정리가 된다. 나의 서비스와 제품이 필요한 간절한 고객만이 남게 되는 것이다. 그들에게 필자는 최선의, 최고의 서비스를 제공함으로써 최상의 만족도를 주고자 노력한다.

그러므로 관리 비용도 일반 샵과 달리 상당히 고비용을 제시한다. 하지만 그들은 흔쾌히 그 비용을 지불하고, 그에 합당한 서비스를 받고자 한다. 피부에 여드름이 많이 나서 대인관계 기피증까지 온 사람이 피부 트러블 개선을 위해서 비용이 얼마이든 과감히 지갑을 열지 않을까. 이 것이 바로 후리소매 전략이다. 적게 일하고 최상의 서비스를 제공하며, 많은 소득을 올리는 것이다. 후리소매 전략을 성공하려면 3가지가 필요하다.

첫째, 기다림이다. 후리소매 전략을 취하고 난 후 인내의 시간이 필요하다. 많은 문의가 오는 사업 방향이 아니지 않던가. 어떤 사람의 무슨 문제를 해결해 줄지 명확히 하고 세분화했다면 이제는 기다려야 한다. 자신의 사업장이 부산에 있다 할지라도, 당신이 셋팅해 놓은 정확한 고객층이 있다면 서울에서도 당신을 찾아와 문제를 해결하고자 할 것이다. 그러니 명확한 타켓 설정 후에는 관련한 마케팅과 홍보에 집중하며 기다려야 한다.

둘째, 자신의 사업 서비스에 대한 전문성이다. 어쩌면 당연한 이야기일 수 있다. 그런데 누구나 할 수 있고, 쉽게 흉내 낼 수 있는 서비스의 차원을 뛰어넘도록 부단히 노력하고 연구해야 한다. 맛집이라 소문난 집의 음식 레시피는 사업주의 오랜 노력의 결과물이지 않던가. 이로 인해 전국의 사람들이 식도락 여행을 가지 않던가. 마찬가지이다. 사업은 고객의 문제를 해결해 주는 것이다. 사업주는 자기 비즈니스의 서비스 품격을 높이고 차별화하기 위해 노력해야 한다. 벤치마킹도 필요하고,

다양한 사례조사도 꾸준히 해야 한다. 내가 판매자로서 권위가 있는 모습인지 살펴야 한다. 스스로가 알파가 되어 있는지 점검해야 한다.

셋째, 나의 고객이 아닌 사람에 대해서는 미련을 버려야 한다. 본인이 설정한 타켓 고객층이 아닌데 문의가 오는 경우가 종종 있다. 그럴 때 욕심이 생기기 마련이다. 당연하지 않은가. 하지만 자신의 사업철학과 원칙을 지키며 친절하지만 단호하게 안내해야 한다. 타켓 고객층에 집중한다는 원칙이 무너지면 다양한 고객에게 신뢰와 높은 만족도를 주기 힘들 수 있다. 고객들을 길들이는 시간이다 'ㅇㅇㅇ샵은 여성 문제성 피부만을 전문으로 해' 즉 고객에게 'ㅇㅇㅇ샵 = 문제성 피부'로 각인되는 효과가 있다.

다시 한번 강조하지만 사람들을 모으기 위해 정확한 타켓을 잡아야 한다. 어떤 피부를 관리할지에 대해 명확히 노출해야 관련 고객들이 모이게 된다. 우리는 그 고객들의 결핍을 이용해 설득하고 판매가 되도록 한다. 결핍을 해결할 수 있는 방안을 고민해야 한다. 필요한 사람에게는 가격에 상관없이 구매가 일어날 수 있다.

박리다매가 아닌 후리소매를 적용한 사업 운영 방식에서는 사업적 상상력이 필요하다. 또한 냉철한 자기분석이 필요하다. 시간을 두고 몰입하고 전국의 유명 샵들과 비교하며 전략을 찾아보기 바란다. 생각 하나의 변화가 사업 전반에 큰 영향을 미칠 수 있음을 기억하자.

07

임계점 돌파 후
제2의 시작

효율과 비효율

직원 채용을 고민하게 된다. 1인 사업가로 시작은 했지만, 매출 규모가 늘어나면서 고객 관리, 문의 전화, 매출 및 비용 관리, 홍보와 마케팅, 세금 신고 등을 혼자 처리하는 데 한계가 오기 마련이다. 그런데 직원 채용을 망설이는 이유 중의 하나가 인건비 지출로 인한 수익 감소이다. 또한 직원이 얼마큼 나의 손발처럼 일을 해줄 수 있느냐 하는 것이다. 혹, 직원과 하모니가 맞지 않으면 함부로 해고할 수도 없는 노릇이다. 더불어 사람 한 명을 씀으로써 추가적인 매출을 기대할 수 있어야 하는데 이것이 미지수라면 또한 망설여지는 대목이다.

그러나 비용 절감 또는 직원이 자기 성에 차지 않을 것이라는 두려움에 본인이 모든 것을 다 안고 간다면 매출과 수익 증대에는 분명 한계가 있다. 사업이 안정화 단계에 들어서게 되면, 가장 중요한 것은 시스템이다. 홍보와 마케팅은 어떻게 진행되느냐. 고객 응대와 제품판매 및 서비스 진행은 어떻게 운영할 것인가. 매출 관리, 손익 계산, 세금 신고, 인건비 및 비용 처리는 어떻게 처리할 것인가 등 사업 진행에 있어 꼭 필요한 요소를 정리하고 누가 어떻게 진행할지에 대한 시스템이 갖춰져 있어야 한다.

사장인 당신이 한 달 정도 일을 하지 못하더라도, 사업체가 자동적으로 운영될 수 있는 구조를 셋팅해 놓는 것이 중요하다. 모든 일 하나하나에 사장이 관여해야만 돌아가는 구조라면 직원의 숫자가 늘어나도 업무 효율성이 떨어진다. 사업주는 각 업무가 실수 없이 잘 돌아가는지, 매출 규모 추이는 어떠한지를 확인하는 정도여야 한다. 내가 아니면 일이 돌아가지 않을 거라는 생각 때문에 직원 채용을 망설이고 있지 않은가. 직원 채용은 사업 확장에 필수 불가결한 과정이다. 혼자 해결하려고만 한다면 하향곡선이 될 수밖에 없다.

단 중요한 원리가 있다. 사업자라 한다면, 모든 일의 과정을 이해하고 실행할 줄 알아야 한다. 즉 직원 채용에 있어 직원에게 부과할 업무 분야와 내용에 대해 속속들이 알고 있는 것이 중요하다. 홍보와 마케팅 역시 사업자가 직원을 대신해서 할 수 있어야 한다. 혹, 외주업체에 맡기더라도 전체적인 일의 내용은 알고 있는 수준이어야 한다. 그렇지 않다면 소위 호구가 될 가능성이 높다. 세무, 회계가 복잡하다고 외주업체에 일임하는 경우가 많은데, 처음에 관련 지식이 없어 어렵다 하더라도 배우는 자세로 문서를 하나하나 들여다보고 업무의 원리를 파악하려는 노력을 해야 하는 것이다.

다시 말해, 사장은 자기 비즈니스 모든 영역에 전지전능해야 한다. 그래야 사람을 부릴 수 있고, 업무를 지시할 수 있고, 문제점이 발생했을 때 적절한 사람 또는 업체에 도움을 청할 수도 있지 않겠는가. 중화요리 음식점 사장이 짜장면 만드는 법을 모른다면, 청소업체 사장이 청소할 때 쓰는 약품의 종류를 알지 못한다면, 헤어샵 원장이 커트와 파마를할 수 있는 기술이 없다면 어떡하겠는가? 직원들에게 사장으로서의 권위를 세우는 데 있어서도 전 분야에 대한 폭넓은 지식과 경험, 노하우를갖추는 게 필요하다.

단, 모든 영역과 분야에서 최고의 기술과 능력을 갖추는 데는 한계가있기 때문에 적절히 외주업체에 특정 업무를 맡길 때가 있다. 이때 어떻게 외부업체를 활용하면 좋을지 생각해 보자. 사업가로서 전문지식과기술을 필요로 하는 부분은 과감히 외주업체를 이용해야 한다. 예를 들면 홍보 마케팅을 위해 사업주가 스마트폰으로 촬영하고 어설픈 편집기술로 영상을 제작하기보다, 전문 업체에 합리적인 가격으로 맡기는 것이 이와 같은 맥락이다. 쇼핑몰 운영자라면, 카메라와 조명시설을 갖추고 사진을 직접 찍기보다 전문 사진기사와 모델을 섭외해서 완성도 높은 사진을 받는 것이 매출에 도움이 된다.

외주업체를 맡길 때 사업주가 주목할 것이 있다. 단순히 외주업체에 맡긴다는 생각을 버려야 한다. 외주업체에서 어떻게 주어진 프로젝트를 전문가답게 수행하는지 옆에서 자세히 살펴봐야 한다. 어떤 장비를 쓰고, 어떻게 장비를 배치하고, 임무를 수행하는지 관심을 가져봐야 한다. 자기 사업에 상당히 밀접한 기술이지 않은가. 따라서 선생님을 모신다는 마음으로, 겸손히 배우는 마음으로 참여해야 한다. 혹시 시간이 허락되지 않는다면 직원에게 자신의 역할을 요청해야 한다. 외주업체를 5번 이상 이용하고, 스스로 공부하고 시행착오를 몇 번 겪다 보면 어느 순간 조금씩 기술 발전을 경험할 수 있을 것이다.

돈만 있으면 사업주의 고민을 해결해 주는 곳은 많다. 하지만 수익을 높이기 위해서는 외주가 아닌 자체 해결을 목표로 삼아야 할 것이다. 왜 자동차 회사에서 자체적으로 철강업체를 운영하고, 식품회사에서 자체적으로 포장지 업체를 운영하겠는가. 같은 맥락인 것이다.

'꼰대', '라떼는 말이야'라는 신조어를 알 것이다. 젊은 세대는 자신들과 소통하려 하지 않고, 기성세대들이 자신들의 생각만 강조하고 강요하는 고집스러움을 보일 때 '꼰대'라는 표현을 쓴다. 기성세대는 젊은 세대들을 향해 "나 때는 말이야…." 하면서 이런저런 말을 한다.

사업이 확장되면서 사업주와 손과 발을 맞출 직원이 생기는 것은 고무적인 일이다. 하지만 직원을 효과적으로 활용하고 관리하지 못한다면 사업주는 혹을 떼려다 오히려 혹을 하나 붙인 격이 될 수도 있다. 가장 어려운 것이 사람 관리라 하는데 어떻게 접근하는 것이 좋을지 함께 고민해 보자.

첫째, 인격을 담는 그릇인 말을 조심해야 한다. 흔히, 직원으로 손아

랫사람을 많이 채용한다. 자연스레 상대의 동의를 구하지 않고 반말을 하는 경우가 종종 있다. 경계해야 할 행동이다. 사업주의 매출을 올려줄 수 있는 귀한 사람이다. 함부로 대한다면, 직원 역시 당신의 비즈니스를 하찮게 여길 수 있다. 가장 좋은 것은 직원을 존대하고 존중하는 것이다. 직원의 근속 연수를 2년 이상 넘기기가 쉽지 않다는 설문을 본 적이 있다. 그들이 추후 당신의 사업장을 떠났을 때는 당신의 고객이 될 수 있다. 또는 당신 사업의 전도사가 될 수도 있다. 당신과 함께 지내는 동안 협업하는 것과 동시에 한 사람의 인격체로 존중하는 것이 중요하다.

둘째, 세대의 문화를 인정하고 받아들여야 한다. 퇴근 시간 '땡' 하자마자 칼퇴근하는 직원의 모습을 보면서 사장으로서 언짢은 태도를 보일 필요는 없다. 그들에게 주인의식을 요구할 수도 바랄 수도 없다. 그들은 돈을 받은 만큼 일하는 직원이다. 사장 생각의 잣대로 그들을 바라보면 불편할 수 있다. 단, 업무상 문제가 있는 언행인 경우에는 단호하게 이야기를 해야 한다. '그럴 수도 있지', '괜히 꼰대로 비치는 거 아냐'와 같은 생각으로 계속해서 물러서다 보면 오해가 생길 수 있다. 따라서 그 부분에 대해서는 서로 확실한 의사소통이 진행되어야 한다. 백종원 씨가 한 방송에서 직원들이 사장의식을 가지고 일하기를 바라는 것은 욕심이라는 취지로 이야기한 적이 있다. 혹, 그러한 사람을 만났다면 진심으로 그를 챙겨야 할 것이다. 그런 보물은 찾기 쉽지 않다.

셋째, 직원의 관점에서 한 번 더 생각해야 한다. 처음 업무를 직원에게 가르쳐 줄 때, 사업주는 직원이 모든 내용을 오롯이 한 번에 기억하고 실행해 주길 원한다. 하지만 현실은 그렇지 않다. 직원이 한꺼번에 많은 양의 업무를 파악하는 데 한계가 있다. 그래서 사업주는 하나하나 업무의 내용을 글로 정리해서 메뉴얼해 놓으면 좋다. 직원은 사장에게 묻는 것이 불편할 수 있기에, 나름대로 일을 처리하다 실수를 하는 경우도 있다. 따라서 업무 백지 상태에 있는 직원이 읽고 이해할 수 있는 언어로 메뉴얼을 최대한 상세하게 이미지를 넣어가며 기록해 놓으면 좋다.

더불어 직원이 잠시나마 휴식시간을 편안하게 보낼 수 있도록 사업주 나름의 공간, 시간의 배려를 할 수 있다. 또한 직원의 특별한 기호식품이 있다면 이를 챙길 수도 있다. 월급을 올려주는 것도 좋은 동기부여이겠지만, 사람의 마음을 움직이는 것은 그 이상의 효과가 있다.

직원을 '내가 돈을 주고 부리는 사람'이라고 생각하는 사업주라면 혼자 일하는 편이 낫다. 직원 채용과 동시에 사람 관리라는 또 하나의 업무가 생긴다고 생각해야 한다. 하지만 그들의 마음을 사로잡게 되면, 매출은 오르고 직원은 자신의 몫 이상의 생산성을 보여줄 것이다.

직원에게 사장은 단순히 월급을 주는 사람이 아니라, 존경하고 배울 점 많은 사람으로 비쳤을 때 그 이상의 시너지가 나게 된다. 사업을 하면서 돈만 좇아가는 장사꾼이 아니라, 기업과 사람을 키우는 경영주가 되길 바란다.

영화 〈더킹〉에 나온 명대사 중 하나가 "이슈는 이슈로 덮는다."이다. 많은 기업이나 홈쇼핑 등에서 보면 경쟁업체들 간에 보이지 않는 전쟁은 비일비재하다. 팩트를 던지면 다른 한쪽에서도 팩트로 대응하며, 소비자의 선택을 받기 위해 온갖 노력을 한다. 이런 맞불 작전은 직접적으로 상대방을 까 내리고 언급하면서 대응하는 것이 아니라 비슷한 요점이나 특징들을 다른 쪽으로 접근하여 대응하는 방법이다.

혹시 개인 비즈니스를 하는데, 유사한 사업 아이템을 가진 경쟁업체가 등장했다고 하자. 이때, 타 업체의 문제점, 결함, 미흡한 점을 주장하기보다 자신이 제공하는 제품 또는 서비스의 강점을 부각하는 전략이 필요하다.

그런데 이에 앞서 중요한 전제 조건이 있다. 단순히 마케팅 전략에 기대어 다른 경쟁업체보다 우위에 있다고 판단하면 오산이다. 즉, 자신의 사업 아이템에 대한 차별화 전략을 위해 꾸준히 노력해야 한다. 요식업에 종사하는 사장이라면 꾸준히 메뉴개발에 힘써야 하고, 차량개조 업체에서 일한다면 소비자들과 소통하며 그들의 목소리에 최대한 귀 기울여야 한다. 그리고 프리랜서 강사라면, 최대한 시대 흐름을 강연에 반영하여 청중들에게 맞춤형 웃음과 필요한 정보를 제공하는 것이 중요할 것이다.

반복해서 이야기하지만 '고객 입장에서 생각하기'이다. 고객의 눈으로 바라보면 내 사업에서 부족한 부분이 보인다. 무엇을 개선해야 할지가 보인다. 이에 대한 꾸준한 연구개발R&D이 바탕이 된 후, 강점 부각과 집중 마케팅이 필요하다. 당연하다고 느낄 수 있지만, 비즈니스의 핵심 아이템의 경쟁력 강화를 간과한 채, 일회성 광고와 마케팅에 의존하는 분들을 보게 된다. 당장 눈앞에 보이는 이익을 좇다가, 사업이 아닌 장사를 하다가 폐업하는 경우가 많아 안타까울 때가 있다.

경쟁업체가 등장했는가. 상품과 서비스의 장점을 부각하는 것은 물론이고, 그동안 자신의 상품을 이용한 많은 사람들을 숫자로 증명해 보자. 그리고 그동안의 상품 후기들을 근거 자료로 제시하며 경쟁사의 이슈를 이슈로 덮도록 해야 한다. 홍보, 대대적 마케팅 이슈로 속앓이를 하고 있는가. 타 업체를 비난할 생각은 마라. 소비자들과의 소통 채널을 통해서 그동안의 사업 실적을 보이고, 판매하는 상품과 서비스의 우수성을 고객들의 목소리로 알리는 데 집중한다. 당장은 옆 가게에 사람이 몰리는 것이 속 쓰릴 수 있다. 하지만 결국 소비자는 냉정하게 판단하고 다시 돌아온다.

4

현실은 시궁창

1인 샵, 개인사업자가 나날이 늘어나는 추세다. 그런데 문제는 여기서 살아남아야 하는데 그 방법을 알고 있는 사람과 모르고 있는 사람의 결과는 천차만별이다.

　창업을 할 때는 모두가 열정이 넘치고, 안될 거라는 걱정보다는 무조건 잘될 거라는 기대로 시작을 한다. 처음부터 '안될 거 같다.'라고 생각하고 시작하는 경영주는 없을 것이다. 하지만 "현실은 시궁창"이라는 말이 있듯이 결코 사업이란 게 내 뜻대로 흘러가지 않음을 점점 느끼게 된다.

　실제로 코로나19 이전에 가게 10곳이 문을 열면 7곳 정도는 폐업한다는 국세청 자료가 있다.[4]

---

[4] https://n.news.naver.com/mnews/article/056/0010613962 기사 참고

즉 신규대비 폐업률이 72.2%에 이른다. 또한 과반의 자영업자들이 창업 후 2년 안에 문을 닫고, 5년 안에 70%가 폐업을 한다는 통계조사도 있다. 그럼 과연 자신의 비즈니스를 오랜 시간 꾸준히 유지하기 위해서는 어떤 전략이 필요한 것일까?

필자는 마케팅, 브랜딩, 경영 관련 교육들을 많이 접해보고 찾아다녔다. 정보의 홍수 시대라 많은 정보로 뒤덮여 있고 마음만 먹는다면 사실 궁금하고 알고 싶은 것들을 무엇이든 찾아낼 수 있는 시대이다. 그래서 직접 보고 듣고 느낀 것 중에서도 기본적이면서 핵심적인 부분만을 안내해 드리려고 한다. 기본적인 것도 셋팅되어 있지 않는데 잘되길 바라는 것은 막연한 "욕심"이니 말이다.

첫 번째는 바로 "고객의 입장에서 생각하기"이다. '뭔 당연한 소리야'라고 생각할 수 있지만 생각보다 많은 분들이 간과하고 있는 부분이다. 판매자로서의 기본이지만 그 기본이 안 되어 있기 때문에 폐업하고 망하는 것이다. 하지만 모두가 경기 탓이라고 애써 합리화를 한다. 문제는 본인에게 있었다는 것을 모른 채 말이다.

구매자 입장에서 생각하기 시작하면 전혀 다른 경영을 하게 된다. 고객의 불편함과 필요가 나의 상품과 서비스를 통해 채워졌는지 고민해 보아야 한다. 나의 상품, 서비스를 통해 고객의 어떤 문제가 해소될 수 있는지에 대해 고민했을 때와 하지 않았을 때는 많은 차이가 있다. 스마트폰을 보라. 현재 당연하다고 생각하는 것들이 과연 처음부터 그랬을까? 누군가가 고뇌하고 생각했기 때문에 이렇게 편하게 살고 있는 것이다. 내가 누리는 모든 것들을 당연하게 생각하지 않는 것, 그것이 경영자로서 기본 중의 기본이다.

두 번째는 바로 "일관성"이다. 사실 이것이 제일 지키기 어려운 것 중 하나가 아닐까 생각한다. 비록 처음에는 내 샵의 컨셉을 잡고 오픈을 했어도 마음같이 결과가 나오지 않을 때 고객의 입맛대로 움직이는 경영, 고객의 의견을 적극 수용하여 내 사업장에 추가하는 것은 쉽지 않다. 처음의 생각이나 컨셉과는 점점 멀어져 김밥천국이 되고 나서야 현실을 자각하기 시작한다. 그리고 '이 동네가 원래 그래', '고객님들 수준이 원래 이래'라며 결국 또 주변 탓을 하기 시작한다. 결국 문제는 일관성을 지키지 못한 본인에게 있다. 내가 정한 것을 어떠한 상황에서도 끝까지 일관성 있게 유지할 때 그때 카리스마가 나오는 것이다. 그리고 그 카리스마는 충성된 고객을 만드는 힘이 된다.

마지막 세 번째는 바로 "객관화"이다. 인간은 굉장히 주관적이다. 나의 사업장임에도 불구하고 누구나 다 하는 노력을 하면서 '이렇게나 열심히 했는데'라고 말한다. 필자는 그렇게 생각하는 분들에게 "세상이 그렇게 쉬워 보이냐"고 말해드리고 싶다. 그 정도의 노력은 누구나 하는 것이다. 스스로에게 관대하지 않는 것. 어느 정도의 임계점을 돌파하기 전까지 스스로에게 계속 질문을 던져야 한다. '진짜 열심히 했어?'라고.

농구선수로 유명했고 지금은 방송인으로 더 잘 알려진 서장훈 씨는 농구선수 시절 단 한 번도 자신의 성적에 만족한 적이 없다고 한다. 그렇게 1등을 많이 했으면서도 스스로 되뇌었다고 한다. '왜 이것밖에 못 했을까?'라고. 그리고 다시 생각했다고 한다. 이런 생각조차 들지 않게 아무도 따라올 수 없는 넘사벽으로 실력을 키우자고 말이다. 특별한 말은 아니지만 크게 와닿았다. 삼성의 '초격차' 경영이념이 기억난다. 진정한 경쟁자는 바로 본인인 것이다. 더 이상 남들이 따라올 수 없고, 접근할 수 없을 정도의 경쟁력을 가지는 것이다.

투덜대기 바쁘고 스스로를 너무 사랑하고 있는 사람들이 많다. 필자 역시 그랬다. 조금만 벌고 하루하루 매출에 전전긍긍할 거라면 주관적이어도 된다. 하지만 이왕 시작한 거 성공하고 싶고, 시간과 돈에서 자유로워지고 싶다면 절대로 스스로에게 관대해지면 안 된다. 그 순간 점점 도태되는 나를 마주하게 될 테니 말이다.

5

그 상황을 믿기

지인들 가운데 1인 기업으로 시작했다가 업무가 많아지면서 직원의 숫자가 하나둘 늘어나는 사람들을 본다. 그들은 만나면 사업 이야기 대신 직원에 대한 이야기들을 많이 한다. 사람이 모여 있는 곳에 갈등 없는 곳이 어디 있으랴. 반대로 직원의 숫자가 하나둘 늘어났지만, 결국 다시 1인 기업으로 돌아오는 분들도 보았다. 직원 챙기기가 또 다른 일과 스트레스로 다가와 지금은 회계와 마케팅은 외주 작업을 주고, 본인이 직접 활동하는 사람들을 본다.

사람에 대한 스트레스로 혼자 일하는 사람들이 꽤 많다. 사업을 하다 보면, 참 사람들 '이기적이다'라고 느끼는 순간이 많다. 이는 고객들에게서도 느끼고, 때로는 직원들에게도 느낄 때가 많다. 어쩌면 이 글을 쓰는 필자의 입장에서 생각하기에, 반대 입장에서는 그들이 나를 그렇게 여길 수도 있겠다.

동네에서 서점을 운영하는 지인이 말하길, 베스트셀러를 구매한 후 일주일쯤 되면 책을 다른 책으로 교환하러 오는 고객이 있다고 한다. 처음에는 그러려니 하고 넘겼지만, 고객은 늘 책 한 권을 구매한 후 2~3번 교환을 한다. 다시 말해, 책 한 권 가격에 베스트셀러 3권을 편안하게 읽는 셈이다.

회사를 운영함에 있어 직원들의 복지에도 관심을 가지고 편안한 근무 환경 조성을 위해 노력하고자 한다. 직원들이 하나둘 늘어나면서 휴게실에 대한 수요가 있어 공간을 만들어 제공했다. 그런데 얼마 지나지 않아, 편안한 쇼파와 음악이 흐르는 오디오, 심지어 안마의자까지 검토 요청을 한다. 누구나 더 편하고 좋은 환경에서 일하고 싶은 욕구가 있다. 하지만 회사는 이윤추구를 위해 존재하는 곳 아닌가.

직원 채용 공고를 냈다. 면접을 진행한 후 열정 가득한 표정과 태도로 무엇이든 열심히 할 것 같은 사람을 채용했다. 그런데 그 직원은 6개월 후 퇴사했다. 우리 회사의 수익 구조와 거래처, 회사 운영 방식을 공부하러 온 듯했다. 그는 1년 후쯤 우리와 비슷한 사업 분야의 회사를 창업한 대표가 되었다.

직원들은 변화를 좋아하지 않으며, 주어진 일만 해내기를 원한다. 그래서 직원이 회사의 대표인 것처럼 주인의식을 가지고 행동할 것이라는

201

기대는 해서는 안 된다. 이를 강조하는 데는 이유가 있다. 당신이 이를 염두에 두지 않으면 사람에 대한 실망감이 클 것이다. 그리고 이는 사업에 영향을 미칠 수 있다.

사람을 너무 믿지 마라. 가족 경영을 하는 데는 이유가 있다. 믿을 만한 사람을 찾는다는 것은 어려운 일이다. 설령 소울메이트와 같다고 생각하는 사람조차 언제든 당신을 떠날 수 있다는 생각을 해야 한다. 어느 순간 당신의 적이 될 수 있음을 생각해야 한다. 사람에 대해 너무 의심이 가득한 것 아니냐고 반문할 수 있다. 돈 앞에서 사람의 정은 사치에 불과 하다. 사업의 중요 기밀, 핵심 컨텐츠는 공유하는 것이 아니다. 코카콜라의 제조법이 수십 년간 세상에 공개되지 않은 것을 보라.

글의 초반부터 너무 회의적이고 부정적인 이야기를 한 것 같다. 하지만 현실이다. 이를 생각하고 사업을 하라는 것이 핵심이다. '조금 덜 벌겠다'는 마음으로 고객이 얼토당토않은 불만을 접수할 때는 합리적인 이유를 들어 차근차근 설명하자. 불쾌하고 화가 나더라도 기분이 태도가 되지 않도록 프로답게 대하자. 그래도 설득이 되지 않는다면, 시간을 두고 환불을 해주어라. 당신과 직원들의 마음이 상하지 않고, 다른 고객들을 편안하게 대할 수 있다면 과감한 결단이 필요하다.

직원이 당신의 곁에 있는 동안에 열심히 일하게 하기보다, 즐겁게 일할 수 있도록 해주자. 많은 급여를 주는 것이 꼭 즐겁게 일하게 하는 조건은 아니다. 오래 일하고 싶게 만들려면 사장인 내가 바뀌면 그뿐, 나에게 무언가를 배우고 존경하게 만든다면 오래 일할 수밖에 없다. 그때부터는 직원이 아니라 나에게 배우러 온 학생인 것이다. 심지어 매달 돈을 받으면서 말이다. 돈만 주고, 일은 무더기로 시키면서, 직원을 정말 직원으로만 생각하고 배울 점 없는 사장에게 어떤 사람이 오래 붙어있겠는가. 직원 또한 사람이다. 내가 먼저 진심으로 대할 때 그들도 진심으로 열정을 갖고 즐겁게 일을 할 수 있을 것이다. 사람을 쉽게 믿지 않되, 그 상황을 믿게 만들자.

6

욕먹는 건 훈장

사업을 하다 보면 스트레스를 받는 일은 허다하다. 사업주의 마음대로 일이 굴러가기보다, 예상하지 못한 방향으로 흘러갈 때가 많다. 사업이 어느 정도 자리 잡아 가면, 그때부터는 초연한 자세로 '그러려니' 하는 여유로운 마음을 가질 수 있을 것이다. 이는 시간이 해결해 주는 것이니 조급해하지 않아도 된다.

그런데 단순한 스트레스의 차원을 넘는 일들도 벌어지게 된다. 고객과의 거친 실랑이, 경쟁업체와의 과도한 분쟁, 그리고 누군가로부터의 상처가 되는 언행까지 말이다. 이는 시간이 지나도 늘 마음 한구석에 응어리처럼 남아 있는 경우가 많다.

동종업계의 창업교육을 받고자 하는 분들을 위해 강사로 섭외를 받았다. 당시 필자는 높은 매출과 성과로 인지도를 얻어가면서, 창업을 생각하는 예비 사업주를 대상으로 교육을 할 무렵이었다. 그때 필자를 처음 본 분이 다가와서 말을 건넸고 짧은 대화를 나누었다.

"대표님은 저를 모르시겠지만, 저는 잘 알아요. 어떻게 단기간에 그렇게 되셨어요?"

"열심히 하고 있어요."

"운이 좋고 성공을 거저먹은 거 같아요. 그 성공 노하우를 본인만 가지고 있으면 안 되죠. 좀 풀어봐요."

시기와 질투로 가득한 그분의 언행을 잊을 수가 없었다. 연배가 좀 있으신 분이 딸 정도 나이인 필자에게 안하무인격으로 기분이 내키는 대로 말을 쏟아냈다. 강의를 마치고 귀가하는 길에 많은 생각들이 스쳐 갔다. 생각 종착점은 이러했다.

'더 열심히 해서 초격차로 증명해 보이겠다.'

방송인 서장훈 씨는 현역 시절 각종 기록에서 계속 1등을 했다. 그는 1등을 빼앗길 수 있다는 불안감이 있었다고 한다. 그래서 다른 사람이 따라올 수 없는 초격차를 두고 싶었다. 넘볼 수 없는 1등을 하자고 결심했다고 한다. 최고의 적이 자신임을 알고 자신의 한계를 뛰어넘으려 애썼다.

서장훈 씨의 생각이 필자에게 그대로 스며들었다. 성취한 것을 보지 않고 성취할 것을 보려 했다. 뒤돌아보지 않고 앞만 보고 달려가려 했다. 그리고 필자보다 어리지만 자수성가한 사업가가 있다면 겸손한 자세로 배우려고 했다. 비즈니스의 세계에서 나이가 많다고 대접받으려 하는 순간, 어떠한 것도 배울 수 없다. 나이대접을 받으려 한다면, 사업에 대해 재고해야 한다.

그로부터 2년 후 보란 듯이 필자는 초격차를 이루어 냈다. 특별한 비결이 있냐는 질문을 친한 지인들이 한다. 그런데 4가지로 정리되는 듯하다.

첫째, 절대 안주하지 않는다. '이 정도면 됐지', '와! 대단하다'라고 자화자찬한 적이 없다. 자책한 적도 없지만 만족감을 느낀 적도 없다. 나보다 못한 사람을 바라본 적이 없다. 늘 시대를 앞서가는 사업가들을 바라보며 여전히 달려갈 길이 남아 있다고 생각했다. '어떻게 하면 더 매출을 높일 수 있을까'를 늘 생각했다. 안주하는 순간, 그리고 누군가에게 기대는 순간 사업의 성장 속도는 느리게 된다.

둘째, 지속적인 공부이다. 다른 경쟁업체와의 차별성을 높이는 방법을 고민했다. 소위 초격차를 내기 위해서 말이다. 국내외 동종업계에서 두각을 나타내는 업체들의 홈페이지를 북마크하고 수시로 사이트를 확인하고 어떤 서비스를 어떠한 마케팅과 홍보 전략으로 고객을 유치하는지 살폈다. 그리고 필자의 비즈니스에 접목할 것은 없는지 재점검의 기회를 가졌다. 늘 배우고 기록하고 적용하는 패턴을 가지려 했다.

셋째, 가장 중요한 고객은 지금 나의 단골 고객이다. 늘 새로운 고객을 찾는 데 혈안이 되어 정작 지금의 고객을 소홀히 한다면 큰 실수를 하고 있는 것이다. 지금 고객이 만족하는지, 혹 불편한 점이 있다면 어떤 점인지에 대해 만족도 조사를 하고 계속 모니터링을 하는 것이 중요하다. 그리고 단골 고객의 '입소문'은 온라인, 오프라인에서 큰 파급 효과가 있다. 필자의 인스타와 블로그에 글을 올리면 광고이지만, 개인 계정의 인스타, 블로그에 올려진 필자의 비즈니스 관련 글은 지인 추천 글이 되지 않던가.

넷째, 늘 겸손한 자세이다. 사업을 하다 보면 돈 좀 벌었다고 목에 힘이 들어가는 사람들을 종종 본다. 그들과의 대화 이면에 '나는 이제 너희와 클라스가 달라'라는 생각이 전해질 때가 있다. 어디에서나 독불장군은 환영받지 못하고 외로워지기 마련이다. 비슷한 사업을 하는 사람들은 참 귀한 사업 파트너이다. 늘 겸손한 자세로 그들을 맞이해야 한다. 필자의 원칙은 '누군가의 말을 함부로 다른 사람에게 옮기지 않고, 함부로 자랑을 늘어놓지 않는다.'이다. 주변 사람들은 당신의 성장세를 모를 리 없다. 하지만 겸손의 미덕을 보일 때 더욱 당신이 빛나 보일 것이며, 주변 사람들은 그런 당신과 여러 가지 일들을 함께하고 싶어 할 것이다.

사업장을 운영하면서 당신의 경영 노하우도 갈수록 진화하겠지만, 당신의 인성도 더욱 다듬어질 것이다. 사사로운 감정에 휘말리지 않고, 큰일에도 격노하지 않는 여유로움을 가지게 될 것이다. 하루를 돌아보며 자신의 마음을 다스리는 시간을 가지면 좋겠다.

일을 하다 보면 오해든 갈등이든 일일이 반박을 한다고 해도 설득이 되지 않는 경우가 많다. 그리고 그럴 이유도 시간도 없다. 오히려 그런 말을 듣는 것도 내가 그렇게 보였기 때문에 나를 다듬는 시간이 더욱더 필요한 것이다. 나는 엄청나게 감정적인 사람이었고, 표현을 숨길 수 없고 그러지도 못했다. 하지만 그런 것들이 나에게 실질적으로 플러스 요인으로 돌아오는 것이 아니라 마이너스 요인으로 다가온다는 것을 느낀 이후로는 모든 것이 나로 인해 일어난 일이고, 나 때문이라는 것을 인지하게 되었다. 그리고 나 스스로를 다시 점검하고 보완하는 시간을 가졌다. 결론은 성공이 우연히 얻어지는 것이 아님을 보여주면 되고, 증명해 보이면 된다.

08

쫀.하.버
(쪼나 하면서 버티기)

SCAMPER 기법
적용하며 버리기

애플의 창시자 스티븐 잡스는 말했다. "다르게 생각하라." 우리는 항상 앞으로 가는 것에 익숙하므로 멈추거나 뒤로 간다거나 옆으로 가는 방법도 있다는 것을 잘 모르고 살아간다. 세일즈도 마케팅도 마찬가지다. 내가 한 생각을 비틀어도 보고 뒤집어도 봐야 한다.

스캠퍼(SCAMPER)는 창의력 증진을 위해 흔히 사용되는 기법이다. 그런데 스캠퍼 기법을 필자는 사업에도 가끔 적용한다.

S에 해당하는 Substitude는 기존의 것을 다른 것으로 대체하는 것이다. 즉, 종이 전단으로 고객 유치에 힘썼다면 이제는 SNS상에서 고객들이 한눈에 알아볼 수 있는 이미지로 비즈니스를 홍보하는 전략으로 바꾸는 것이다. 또는 상품의 용기를 그동안 플라스틱을 사용했지만, 유리

제품으로 바꿔 보는 전략을 세울 수도 있다. 음식의 레시피에서도 기존 백설탕을 흑설탕으로 바꿔 보는 등의 생각의 전환을 꾀하는 것이다. 이 것저것 대체 가능한 것이 무엇인지 고민해 보면 이전에 생각하지 못했던 독창적이고, 경쟁력 있는 것으로 혁신할 수 있다.

C에 해당하는 Combine은 말 그대로 결합이다. 핸드폰에 전화 기능뿐 아니라 카메라, 녹음기, 계산기 등 다양한 기능을 결합한 것이 대표적이다. 사업에서는 식사, 디저트를 결합한 메뉴, 짬짜면, 여러 음식 결합 메뉴 등을 출시할 수 있듯, 비슷한 성격을 가진 제품이나 서비스를 패키지 형태로 묶어 판매하는 것이 대표적이다. 유학원의 경우, 단순 학교 소개와 절차뿐 아니라 해외 현지 정착 서비스까지 함께 제공하는 것도 결합의 예이다. 최근 태양열 집열장치 기능이 탑재된 유리창이 아파트에 많이 활용되고 있다.

그렇다면 무엇을 어떻게 결합할 것인가. 갈수록 사람들은 전문적인 업체에 업무 전체를, 소위 통째로 위임하고 싶어 한다. 따라서 개별적인 상품, 서비스보다 일체형 상품에 대한 수요가 많기 때문에 이를 위한 적절한 상품 구성이 필요하다.

A에 해당하는 Adapt는 응용하기이다. 특정 부분에 대해 적절한 변화를 꾀해서 문제를 해결하거나 새로운 것을 제시하는 것이다. 한 분야에서 쓰이던 것이 다른 상황과 분야에서도 쓰이는 것을 말한다. 즉, 도시

재생 사업에서 어둑어둑한 골목길에 밝은 그림으로 벽화를 그려 넣는 것이 여기에 해당한다. 또 음식점에 아이들을 위한 놀이터를 설치함으로써 가족 단위 고객을 유치하는 것도 마찬가지다. MRI 촬영기에 들어가기 무서워하는 어린이들을 위해, 의료기기를 우주선처럼 제작하는 것도 이에 해당할 것이다. 틀에 박힌 생각, 고정관념에서 벗어나면 창의적인 사업 아이템, 타 경쟁업체보다 경쟁력 있는 제품과 서비스를 제공할 수 있다.

M에 해당하는 Modify는 변화와 수정이다. 제품의 색깔, 모양, 크기, 향기 등에 변화를 주는 것이다. 음료수 및 화장품의 포장 용기, 함유량의 변화 등이다. 가게 내의 인테리어 분위기, 가구 색깔, 테이블의 모양 등도 변화의 대상이 될 수 있다. 카페에 가면 카페에서 제공되는 머그잔 하나에도 감탄하는 때가 있지 않은가? 특별한 실내장식 구성과 분위기에도 편안함을 느끼지 않던가.

또한 단순 물리적인 변화뿐만 아니라, 업무와 절차의 간소화도 변화의 대상이다. 고객이 상담을 의뢰하고 최종 계약에 이르기까지의 과정에서도 필요하면 고객 편리 위주로 수정할 수 있다. 고객이 지나치게 작성할 사항이 많거나 가입 절차가 복잡해 어르신의 경우 접근이 힘들다면 그들의 눈높이에서 수정이 필요할 것이다.

P에 해당하는 Put to another use는 즉 다른 용도와 넓은 범위로 사용

하기이다. 기차카페의 경우, 기차를 카페 공간으로 활용한 예이다. 보험 설계사의 경우, 캠핑카를 개조해서 이동형 사무실로 꾸몄다. 그리고 캠핑카 외부를 홍보 문구들로 꾸미고, 전국을 돌며 영업을 하고 있다.

잘 떨어지는 접착력을 통해 포스트잇을 생산한 3M의 사례도 이 맥락과 상통한다. 화장품 제품의 주 타켓 고객층이 20~40대 여성들이라고 할 때, 표적 고객층을 10대 청소년으로 낮추어 맞춤형 마케팅을 한다거나, 꽃미남 열풍을 타고 젊은 남성을 표적으로도 할 수도 있다. 더불어, 서비스의 범위를 기존에 국내 고객에 한정했다면, 이제는 국외에 거주하는 교포를 표적으로도 확장하여 마케팅을 할 수도 있다. 이처럼 생각의 확장을 통해서 다른 용도로 사용할 수도 있고, 넓은 범위를 대상으로 상품과 서비스를 제공할 수 있음을 깨닫는 것이 중요하다.

E에 해당하는 Eliminate는 제거하기이다. 친환경 ESG 바람이 불면서 불필요한 포장 용기를 과감하게 없애는 제품이 많아졌다. 선풍기 하면 당연히 프로펠러가 있어야 한다고 생각했지만, 이제는 프로펠러가 없는 선풍기가 대세이다. 초창기 스마트폰에서 버튼이 사라진 것도 이러한 맥락이다.

그뿐만 아니라 고객 상담 시 던질 대화에서도 군이 언급할 필요 없는 내용을 스스로 살피고 하지 않는 것도 필요하다. 또한 고객이 당신의 사업 비즈니스에 접근할 때 또는 사용할 때 번거롭다고 느낀 것이 있다면 과감히 수용하고 제거하는 것도 고객 만족을 높이는 전략이다. 저가 항공사가 항공료를 절감할 수 있는 큰 이유 중 하나가 바로 기내식을 제공하지 않는 것이다. 꼭 제공해야 하는가에 대한 근본적인 물음을 던져보면 의외의 아이디어가 떠오른다. 더불어, 고객의 목소리를 경청하는 자세가 중요한 대목이다.

마지막으로 R은 Rearrange-Reverse이다. AB의 형식을 BA 형식으로 바꾸어 보는 것이다. 구매자가 반대로 판매자가 될 수 있는 것이다. 자동차 회사에서 자동차를 판매만 한다는 생각을 뒤집어 중고차를 매입하는 구매자의 역할을 할 수 있다. 요구르트의 밑부분을 뜯어 먹은 기억이 있는가? 어느 순간, 요구르트를 먹는 곳이 뚜껑이 아닌 바닥에 놓인 것을 본 적이 있을 것이다. 바로 재배치를 적용한 것이다. 컴퓨터의 본체와 모니터가 분리된 것이 일반적이었지만, 이제는 본체가 모니터 뒤에 붙은 일체형 컴퓨터도 흔히 볼 수 있다. 가게에서도 주방은 가게의 뒤편에 있어야 한다는 고정관념을 깨고, 입구 쪽에 배치하면서 고객의 시선을 끄는 전략을 활용할 수 있다.

역발상이다. '꼭 이래야만 한다.'라는 생각에서 벗어나면 좋다. 사소한 것도 허투루 흘려보내지 말자. 어딘가로 여행을 가거나 좋은 곳에 가게 될 기회가 있는 날이면 나의 비즈니스는 어떠한 형태로 사업을 영위하는지 표면적일지라도 살펴보고, 필요시 직접 질문한다. 일한다는 생각보다는 여행의 연장선에서 호기심을 해결하는 즐거운 일이다. 사업은 열심히 하는 것이 아니다. 사업은 철저히 즐기는 것이다. 24시간도 부족할 만큼 사랑의 대상이 되어야 한다. '어떻게 더 발전시킬 수 있을까?', '어떻게 하면 기존과 다른, 타 업체와 다른 모습을 보여줄 수 있을까'를 생각해야 한다. 이리 보고, 저리 보고, 뒤집어 보며 깊이 고민해 보자. 다른 시각으로 바라보는 눈을 갖게 되면, 창의성이 키워질 것이다. 창의성도 실력을 쌓아 올리듯 연습과 훈련의 대상이다.

파레토의 법칙(2080법칙)

이탈리아의 인구 20%가 이탈리아 전체 부의 80%를 가지고 있다고 주장한 이탈리아의 경제학자 빌프레도 파레토의 이름에서 따온 법칙이다. 어떤 곳에서도 이 법칙은 존재한다. 어느 곳에 속해 있어도 행동하는 20%만이 성공한다는 사실이다. 결국 20%가 세상을 이끌고 80%는 그 뒤를 따른다.

그래서 쉬운 예로 백화점에서는 상위 20%만을 위한 VIP마케팅을 하는 것이 아주 잘되어 있다. 실제 백화점의 매출 상위 10%의 고객이 차지하는 매출 비율이 60~70%에 달하기 때문이다. 결국 20%가 세상을 바꾸고 그렇게 바뀐 세상에서 80%는 적용하면서 살아간다. 그러니 스스로 생각하고 선택하면 된다. 나는 20%에 속할 것인지, 20%가 만든 세상에 속하면서 바뀐 세상에 뒤늦게 합류해 헤엄치며 살아갈 것인지 말이다. 행동하기 싫고, 안전한 것이 좋다면 그냥 80%에 남으면 그뿐.

2

나만의 일기
적으며 버리기

사업을 시작한 초보 사장들에게 꼭 추천하는 것이 있다. 바로 '사업 일기'를 쓰라는 것이다. 사실 사업 일기라고 거창하게 이야기해서 그렇지 사실 일기라는 것은 어떤 식으로든 기록을 하는 것이다. 어떤 이는 수기로 적을 것이고, 어떤 이는 노트북 메모장에 적을 것이다.

필자는 SNS를 활용했다. 누군가에게 도움이 될 정보 또는 나의 생각 정리를 위해 글을 쓰고 업로드를 했다. 그것이 모여서 책을 출간하는 데 엄청난 도움이 되었다고 해도 과언이 아니다. 그러니 자신의 비즈니스에 대한 공부를 하고 이를 적용한 후 생각한 것을 바탕으로 자신만의 책을 써 보라는 것이다.

218　　『먼 나라 이웃나라』로 유명한 이원복 교수에게 "어떻게 이 많은 분량

의 만화와 글을 쓰셨는지 궁금합니다."라고 물었다. 교수는 "매일매일 2~3장의 그림과 글을 썼더니 어느새 이렇게 많은 작품들이 되어 있었어요."라고 답했다. 교수는 하루 2~3장의 원고를 쓰기 위해 20~30페이지 이상의 독서를 했을 것이다.

일반적으로 우리는 책을 읽으면서 새로운 것을 알아가며 느낀다. 그리고 저자와 대화하듯 책을 읽어 나간다. 대부분의 독서에서 우리는 글을 이해하고 수용하는 데 그치는 경향이 있다. 그러나 특정 분야의 책을 쓰기 위한 목적으로 관련 도서를 읽을 때의 태도는 분명 달라질 것이다. 즉 자신의 비즈니스와 연결되는 지식을 수용할 때는 자신의 생각을 융합하여 새로운 생각을 만들어내는 적극적 독서를 하게 될 것이다. 그리고 적극적 독서는 아이디어를 풍부하게 만들고, 책이 주는 즐거움을 더욱 높여 줄 것이다.

"사업도 바쁜데 글을 쓰고 책을 쓰라구요?"라며 반문할 수 있다. 그러나 해당 분야의 전문적인 지식을 쌓고 통찰력을 쌓아갈 때, 사업은 확장되고 매출 증대를 기대할 수 있다. 사업 일기를 쓰는 노하우를 6가지 정리해 보았다.

첫째, 자신의 사업과 관련되거나 연결 가능한 분야를 정하고 관련 책을 읽어라. 평소 독서에 흥미가 없거나 책에 대한 집중력이 떨어지는 사람이라 할지라도 책의 내용이 자신의 사업과 관련 있다면 독서에 몰입하게 될 것이다. 그리고 독서의 동기를 높이고 싶다면 관심사에 관련된 다큐멘터리, 특강, 영상 등을 보아라. 관심의 범위가 넓어지고 깊어지면서 해당 분야 전문가로서의 자세를 갖추게 될 것이다.

둘째, 왼쪽 손에는 책을 오른쪽 손에는 펜을 쥐어라. 책을 깨끗하게 보아야 한다는 생각을 가지고 있는가. 물론 빌린 책이라면 깨끗하게 보고 반납해야 한다. 그러나 가능하다면 책은 직접 구입해서 소장하는 것을 추천한다. 감명 깊었던 부분에 밑줄을 긋고, 특별히 영감을 주는 부분이 있다면 책의 여백에 자신의 생각과 아이디어를 정리해 적을 수 있기 때문이다. 그리고 자신의 손때가 묻은 책만큼 값진 책이 어디 있을까? 항상 독서를 할 때는 배우고 생각하고 창조한다는 생각으로 오른손에는 펜을 들고 독서를 해라. 책을 읽다가 자신의 경험과 아이디어가 떠올라 단순히 책 여백의 메모가 아닌 글을 쓰고 싶을 때가 분명 있을 것이다.

셋째, 빌딩을 짓기 위해 시멘트, 철골, 유리, 파이프 등 수많은 건축 자재들이 필요하다. 글을 쓸 때도 마찬가지이다. 자신의 생각을 글로 풀어낼 때, 수많은 단어들을 활용하게 된다. 따라서 평소 신문, 잡지, 책을 읽을 때 또는 방송을 볼 때 처음 듣는 단어 또는 알고 있지만 뜻이 모호한 단어는 메모해 두고 사전을 통해 정확한 뜻을 정리해 둘 필요가 있다. 그리고 사업장에서 겪게 된 여러 가지 경험과 일들을 메모하고 기록해 두자. 이러한 작업은 독서의 속도를 높이고 저서 활동을 할 때 문장을 간결하게 한다. 필자는 길을 가다가도 가게 상호나 광고 문구에서 처음 접하는 단어가 있으면 핸드폰 카메라로 찍거나 메모 기능을 활용해 기록해 둔다. 단어장에 페이지가 늘어갈수록 우리글의 아름다움과 어휘의 풍부함을 느끼게 된다.

넷째, 수불석권의 자세를 가져야 한다. 이건희 전 삼성 회장, 빌 게이츠, 버락 오바마의 공통점이 독서광이었다는 것은 모두가 잘 알 것이다. 그렇게 큰 기업을 경영하면서 책 읽을 시간이 있었을까? 자투리 시간과 작은 시간도 소중히 여기며 틈틈이 독서를 했을 것이다. 언제, 어디를 가든 항상 손에 책을 가지고 다녀야 한다. 책상에 앉아 몇 번이나 말하고 쓰고 했던 내용보다 화장실이나 버스에서 잠시 보았던 내용이 기억 속에 오래 머물러 있음을 느낀 적이 있을 것이다. 단 5분, 10분의 시간도 놓치지 말아라. 책의 한 문장, 한 문단이라도 읽고 내용을 음미해 보아라. 마치 음식을 오래 씹듯이 말이다.

책 읽을 시간이 없어서 책을 못 읽는 것이 아니라 책을 읽어야 할 필요성을 느끼지 못해 읽지 않을 뿐이다. 아니 책이 주는 가르침과 교훈을 느껴보지 못해 그럴 수도 있다. 명예의 달콤함을 맛본 사람은 자신의 명예를 절대 포기하지 못한다. 마찬가지로 책이 주는 소중한 가르침을 알게 된 사람은 절대 손에서 책을 놓지 않는다. 종이책이든 전자책이든 어떠한 형태든 책을 손에서 놓지 말아야 한다. 흔들리는 버스 안에서는 책을 읽고 싶지만, 멀미하는 듯한 느낌 때문에 책을 읽을 수 없다. 그리고 운전을 할 때 역시 책을 읽을 수 없다. 이때 필자는 오디오북을 활용한다. 책에 대한 내용을 읽어주는 것이나 책과 관련해 저자가 특강을 한 오디오 파일을 재생시켜 듣는다.

다섯째, 문장 다듬는 연습을 해라. 자신의 글을 다시 읽어보면 문장 호응이 맞지 않거나 문장이 장황해서 어떤 내용을 전달하는지 애매한 경우가 있다. 또한 한 문단에서 이 이야기 저 이야기를 하는 등 통일성이 부족한 경우도 많다. 필자 역시 그러한 과정을 거쳤고 지금도 거치고 있다. 전문 작가도 그러한 과정을 거쳐왔고, 중요한 것은 개선 의지의 문제다. 문장을 간결하게 표현하도록 연습해라. 적절한 어휘를 사용하거나 장황한 문장을 두 문장으로 나누는 것이 필요하다. 그리고 자신이 좋아하는 글귀, 책을 읽으며 밑줄 그은 문장들을 옮겨 적어보는 연습도 문장력을 기르는 데 효과가 있다.

마지막으로 당신의 사업과 비즈니스와 관련한 여러 경험을 하고 많은 사람들을 만나고 이야기를 나누어라. 책은 책상에 앉아서만 쓰는 것이 아니다. 좋은 책은 서서 쓰인 책이다. 여러 사람들의 생각과 경험을 담아내려고 노력해야 한다. 예를 들어, 인맥 관리를 위한 효과적인 방법들에 대한 원고를 쓰고 있다면 교우 관계가 좋은 친구들, 또는 선배나 교수님 심지어 택시기사에게도 질문을 던져 보아라. 각자 나름의 인맥 관리를 위한 전략을 가지고 있을 것이다. 그리고 그와 관련한 세미나나 특강이 있다면 찾아가 이야기를 들어보고 자신의 생각과 비교해 보아라.

이전에 생각하지 못했던 신선한 아이디어를 얻을 수 있을 것이다. 이렇게 공부하고 정리한 것은 분명 여러분의 사업에 큰 자산이 되고, 밑거름이 될 것이다. 가장 큰 투자는 바로 CEO 자신에 대한 투자임을 잊어서는 안 된다.

책은 특별한 사람들이 내는 결과물이 아니다. 특정 분야에 관심을 가지고 관련 자료를 수집하고 정리하고 거기에 자신의 생각을 더한다면 누구나 저자가 될 수 있다. 새해 계획을 세울 때 '○○ 분야의 책을 몇 권 읽겠다', '○○ 분야에 대해 깊이 있게 공부하겠다'라는 목표보다 '○○ 분야에 대한 책을 집필하겠다'라는 목표를 세워보라. 생활에서 접하는 책, 잡지, 심지어 작은 광고지 하나까지 관심 있게 보게 될 것이다. 1권의 책을 쓰기 위해 최소한 10권 이상의 책을 읽어야 한다. 한 권의 책이 만들어지려면 글자 포인트 10으로 A4 70장 정도의 분량이 필요하다. 매일 최소한 A4 1/2장씩의 원고를 써라. 140일, 약 5개월 정도 부단히 노력하면 책 1권 분량의 원고를 쓰게 된다.

'나중에 쓰지', '언젠가 쓰겠지'라고 생각할 수도 있지만 Someday언젠가는 존재하지 않는다. 72:1의 법칙이 있다. 어떠한 일을 72시간 내에 실행에 옮기지 않으면 그 일이 성사될 확률이 단 1퍼센트라는 것이다. 내가 해 봐야겠다는 열정이 생기면 지금 당장Right now 책을 덮고 실천해 보아라. 프로와 아마추어의 차이는 단 하나! 바로 실천하는 사람이냐 실천하지 않는 사람이냐다. 시작이 반이다. 어떤 일이든 시작하는 데까지의 시간이 가장 오래 걸린다. 그러나 막상 일을 시작하고 나면 신기하게도 일에 속도가 붙는다.

책을 쓰면 여러분의 사업 홍보에도 많은 도움이 된다. 책 출간 후 자연스럽게 언론에 노출이 되고, 마케팅에도 도움이 될 것이다. 이뿐인가 사업가로서의 전문성도 인정받게 되고, 여러 초보 사장들을 컨설팅할 수 있는 자격도 갖춘 셈이라 볼 수 있다. 시간을 쪼개라. 오롯이 사업 확장에만 힘써라. 최고의 마케팅 전략이 책 쓰기임을 기억하고 도전하기 바란다.

3

SWOT 기법
적용하며 버티기

'나도 나만의 사업을 하고 싶다'라고 느끼는가. 그런데 막연히 비즈니스를 하려고 하면 흔히 떠오르는 것들은 우리가 길거리를 걷다가 발견할 수 있는 치킨집, 카페, 음식점 등이 대부분이지 않은가? 물론 그런 사업이 나쁘다는 것은 아니다. 하지만 이미 레드오션인 사업이고, 수많은 경쟁업체들이 존재하는데 왜 고난의 길을 떠나려 하는가. 혹시, 기존 시장에서 새로운 바람을 일으킬 혁신적인 아이디어가 있다면 도전해볼 만하다. 하지만 험난한 길을 선택하기보다, 경쟁자가 적지만 잠재수요가 있는 블루오션에 진입하면 어떨까?

시장을 분석하는 것도 중요하지만 그에 앞서 자신이 가장 잘할 수 있는 분야가 무엇이고, 어떤 것에 강점이 있는지 스스로 대한 냉철한 분석이 선행과제다. 자신에 대해 잘 안다고 스스로 생각하지만, 자신에 대해 깊이 있게 생각해 본 경험이 그리 많지 않을 것이다. 그동안 어떻게 살아왔고, 자신을 나타내는 키워드는 무엇이고, 언제 가장 몰입하는지, 최고의 관심사는 무엇인지를 객관적으로 들여다보자. 또한 본인이 스스로를 바라보는 것과 주변 사람들이 당신을 바라보는 시각의 차이도 확인하자. 이러한 과정을 통해 자신에게 가장 적합한 비즈니스 아이템과 사업 분야가 차츰 선명해질 것이다. 이러한 작업은 주로 SWOT 기법을 활용하길 추천한다.

이때 S=Strength강점, W=Weakness약점, O=Opportunity기회, T=Threat위협를 의미한다. 즉, S는 현재 잘하고 있고 또 잘할 수 있는 분야를 말한다. W는 나의 약점, 잘 못하는 것을 의미한다. O는 현재 당신이 만나는 사람 또는 처한 환경에서 도움이 될 수 있는 요소를 말한다. T는 O의 반대개념으로 당신에게 불리할 수 있는 환경과 사람을 뜻한다. SWOT를 활용해서 크게 4가지 전략을 세울 수 있다.

첫째, SO전략은 강점을 활용해서 기회를 잡는 전략이다. 만약 당신이 전직 성우였다고 하자. 그렇다면 당신의 강점인 목소리 연기를 살려서, 성우를 꿈꾸는 사람들을 위한 아카데미 사업을 할 수도 있고, 컨설팅을 할 수도 있다. 또한 프리랜서로 1인 기업가로 활동할 수도 있다. 그리고 지금 생각해보지 못한 기회들은 일을 지속하면서 새롭게 발견할 수도 있다.

둘째, ST전략은 강점을 활용해서 위협에 대처하는 전략이다. 만약 전염병 확산으로 오프라인 매장의 방문 고객이 줄었다고 하자. 즉 외부환경이 악화되고 위험 요소가 발생한 것이다. 이때 배달 홍보를 강화하는 전략, 온라인 마케팅을 강화하는 전략을 사용할 수 있다. 주변 상가의 경쟁적인 마케팅으로 매출 감소 위험이 온다면, 당신의 비즈니스 강점과 기존 고객의 반응 및 후기 등을 바탕으로 그동안의 노하우를 강점으로 마케팅에 활용하는 것도 좋은 대안이다.

셋째 WO전략은 약점을 극복하여 시장의 기회를 잡는 것이다. 시골의 한적한 전원주택에 카페를 오픈했다고 하자. 실내 인테리어도 현대적으로 깔끔하게 하고, 최고급 바리스타도 고용했다고 하자. 그런데 유동인구가 많지 않아 판매량이 적은 것이 약점이다. 이때 배달 서비스를 제공하는 전략, 자신의 상점 이름으로 티백 커피나 상품개발로 온라인 상품 출시, SNS 인플루언서를 통한 마케팅 전략 적용 등으로 약점을 극복할 수 있을 것이다.

마지막으로 WT는 약점을 보완하며, 위협을 최소화하는 전략이다. 백화점식으로 다양한 메뉴를 팔면 음식 재료 재고가 쌓이다 결국 폐기하게 된다. 또한 사업장 주변에 많은 경쟁업체들이 오픈하면서 매출 하락이 이어진다. 이때 대표적인 메뉴를 전면에 내걸고 브랜딩을 하는 전략이 바로 여기에 해당된다. '부대찌개 = 자신의 사업장'이라는 타이틀을 통해 음식점의 포지셔닝을 가져가는 것이다.

사업 비즈니스의 컨셉을 광범위하게 잡을 것이 아니라 단일한 컨셉, 즉 아주 세밀한 단어로 정리될 수 있도록 하는 것이다. "어떤 비즈니스 하세요?"라고 누군가 물을 때 음식점, 고깃집이라는 답변보다 삼겹살 전문점이라고 답하는 것이 좋다는 것이다. 백화점식 사업 아이템보다는 고객을 세분화한 후 타켓팅 하는 것이 효과적이다.

SWOT를 빈 백지에 천천히 정리해 보면 좋겠다. 많은 생각들이 일목요연하게 정리됨을 느낄 것이다. 메모한 내용이 객관화되고 도식화되면서 새로운 발견을 할 수 있을 것이다. 중요한 것은 실천이다. 막연히 사업을 해 봐야지 하고 머리로만 생각하지 말고, 구체적으로 내용을 정리하고 시각화하길 추천한다.

4

고수의 사업
엿보며 버리기

사업을 시작하기로 결심했다면, 절박한 심정으로 치열하게 공부해야 한
다. '사업이 안되면 직장을 계속 다니지', '실패하면 일자리를 알아봐야
지'라는 안일한 생각은 애초에 금물이다. 벼랑 끝에 섰다는 마음으로 전
심을 다해야 한다.

혹시 지금 직장에 다니고 있는 사람이라면, 주말을 이용해 자기만의
공장을 짓는다는 마음으로 추후 진행할 자신의 사업에 휴일 시간을 온
전히 쏟아야 한다. 가장 효과적이면서 중요한 과정은 바로 고수들의 사
업을 엿보는 것이다. 자기의 느낌과 생각의 흐름에 맞춰서 사업을 할 것
이 아니라, 그동안 당신이 고민하고 해결했던 수많은 문제들을 뒤로한
채 사업을 안정화한 사업 선배들의 목소리를 들어보아야 한다.

가장 추천하는 것은 바로 관련 도서이다. 대형 서점 매대에 펼쳐진 책들을 보라. 그들의 사업 노하우와 고객 응대 방법, 상권 분석 등에 대한 정보를 단돈 1~2만 원에 알 수 있다. 이보다 더 좋은 방법은 없다. 독서해야 한다. 밑줄 쳐 가면서 당신에게 의미 있는 것이라면 별도로 메모하면서 꼭 익혀야 한다.

『백종원의 장사 이야기』는 자신의 식당 창업과 운영 노하우를 풀어놓은 책이다. 요식업을 준비하는 사람이라면 꼭 챙겨봐야 할 책이라 생각한다. 백종원 씨는 저서에서 음식 메뉴 선정에 있어서 일반 사람과 다른 접근을 한다. 보통 사업주는 음식을 만들어 고객들에게 이를 이해시키려고 한다. 하지만 그는 '이렇게 먹고 싶은데 이런 메뉴는 왜 없을까'에서 생각이 시작된다. '고깃집에 가서 비빔밥만 먹으면 왜 부끄러워해야 하지', '국수가 왜 비싸야 하지'와 같은 생각으로 접근하는 것이다.

또한 저서에는 지속 가능한 사업에 대한 아이디어도 담겨 있다. 여러 개의 메뉴를 판매하는 식당의 경우, 주방은 다양한 메뉴를 동시에 만들어 내느라 동선이 꼬이고, 음식 주문 후 서빙까지의 시간도 오래 걸린다. 그래서 회전율도 떨어지게 된다. 따라서 과감히 메뉴를 줄여서 단순화된 시스템을 구축할 것을 제안한다. 당장은 매출이 줄어들 수 있지만, 장기적으로는 이것이 사업의 지속성을 높일 수 있다. 그러려면 사업주의 용기 있는 결단이 필요하다.

『나는 장사의 신이다』의 저자 은현장 씨는 그의 저서에서 특별히 성실함을 강조한다. 실력도 중요하지만 성실함이 뒷받침되어야 함을 강조한다. 실력이 조금 부족해도 성실하다면 이를 보완할 수 있다는 것이다. 적당히 만족하고, 적당히 타협하고, 적당히 휴식해서는 남들보다 경쟁력을 가질 수 없다는 것이다. 몇 배로 더 성실하게 사업에 임할 것을 강조한다.

유튜브의 영상을 보면, 소자본으로 안정된 매출이 나오는 사업주들의 이야기를 다루는 채널들이 많다. '장사'라는 키워드로 검색해 보면 알 것이다. 일반적이고 흔한 이야기도 있지만, 그 가운데서도 배울 것이 많다. 필자는 이동시간이 많고, 운전을 할 때는 유튜브 채널을 라디오처럼 듣곤 한다. 함께 사업하는 사람으로서 새로운 시각과 아이디어를 얻을 수 있다.

많은 고객을 유치하려고 노력하기보다, 나의 사업 서비스를 꼭 필요로 하는 사람만을 찾아야겠다고 판단한 것도 선배 사장들의 노하우를 제 사업에 적용한 것이다. 이 사람 저 사람 모두를 만족시켜야겠다는 기존의 생각보다, 필자가 제공하는 서비스를 꼭 필요로 하는 사람들에게 정성을 쏟는 것이 필요하다는 것이다.

공부해야 한다. 메모하고 꾸준히 익혀야 한다. 사업을 한다는 것은 인생의 큰 터닝포인트이지 않은가. 그냥 무작정 한번 해 보겠다는 생각으로 성공한 사람은 드물다. 온라인 마케팅 및 홍보에 관련된 강연, 당신이 제공하는 서비스의 질을 높이는 데 필요한 연구, 세금 정산 및 매출 증대에 관한 노하우 등에 대해 과감히 비용을 지불하면서 배워야 한다. 당장은 지출인 듯하지만, 장기적으로 보면 분명 이는 투자이고, 추후 사업에 있어서 큰 힘이 되는 실력으로 쌓일 것이다. 새롭게 알게 된 것을 그냥 흘려보내지 마라. 알아야겠다고 생각한 것은 메모하면서 기억해야 한다. 그리고 실천해야 한다. 아는 것에 그치지 말고 손발을 움직이길 바란다.

| 피부샵 창업 시, 절대로 하지 말아야 할 3가지

1. 김밥천국 마케팅

처음이다 보니 어쩔 수 없지만 미리 경험하고 알려주는 사람이 있다는 것이 다행이다. 일단 처음 샵을 오픈하시는 원장님들은 방향이나 컨셉조차 명확하지 않으며, 단순히 문제성 피부라고 하고 오픈을 한다. 그 샵의 시그니처가 뭔지, 어떤 제품이 메인인지 제대로 정하지 않고 오픈하기 때문에 이것저것 죄다 셋팅을 할 수밖에 없다. 그로 인해 어떤 피부 맛집인지도 뚜렷하지 않게 되고 금전적인 리스크도 생기게 된다. 세상은 가면 갈수록 세분화되어 가는데 혼자서 10년 전 마케팅을 하고 있으니 3개월 뒤, 6개월 뒤는 안 봐도 비디오다.

• 내 샵의 컨셉과 방향, 그리고 제품 및 특정 피부 타켓을 명확하게 정하는 것이 첫 번째다.

2. 오픈 이벤트

오픈하면 무조건 파격 할인을 해야 되는 줄 안다. (거래처나 주변에서 다 그렇게 하고 또 하라고 알려줌) 그래서 1+1, 50% 할인 등 서비스란 서비스는 있는 대로 다 한다. (나도 오픈 초에는 해 봤던 방법) 하지만 그렇게 모아봤자 고객들은 결국 나중에 더 싼 가격을 부르는 곳이 있으면 그곳으로 갈아타게 되어 있다. "싼 게 비지떡" 한국인의 무의식에 깊이 박혀 있는 말이다. 남는 것 없이 다 해주면 뭐 하나, 나를 보고 온 게 아니라 가격을 보고 온 것인데 말이다.

• 할인보다 프로모션으로 패키지 상품을 만들고, 우리 샵에서만 받을 수 있는 시그니처 메인 관리를 만들어 노출하며, 그것을 많은 사람들이 선택한다는 것도 노출해야 한다.

3. 차카니병

결국 샵을 오픈한 것은 누군가의 지갑을 열기 위해, 내 지갑을 두둑하게 하기 위해서인데 세상에서 가장 양심적이고 정직하고 착한 원장이라는 것을 엄청나게 어필한다. 고객을 위한답시고, 한 마디 한 마디에 휘둘리며, 비싸다고 하면 그냥 갈까 봐 깎아주고, 피부 개선을 위해 왔는데 샵의 전문가가 아닌 고객이 선택할 수 있게 만드는 것. 홈케어 또한 관리를 받으며 제대로 셋팅을 해서 무조건 써야 하는 것인데, 쓰는 것이 있다고 하면 장사꾼처럼 보일 것 같아 더 이상 말하지 않고 넘어간다. 그럴 거면 그냥 사장보다는 직원으로 있는 게 100배 낫다.

- 내 샵의 주인은 나고, 나는 전문가다. 피부 개선을 위해 온 고객들을 만족시키려면, 무조건 싼 가격을 제시하거나 착한 마인드로만 응대할 것이 아니라 고객의 피부를 개선시키고 거기에 맞는 비용을 지불하게 하면 된다. 거절당할까 두렵다면 그것은 스스로의 자신감 문제이기 때문에 더 공부하고 상담 연습을 해야 한다.

이런 말들이 불편하다면 그냥 2, 3만 원짜리 관리를 뼈 빠지게 하면서 돈을 벌면 된다. 그렇게 돈 벌면서 행복하면 그게 정답이다. 내가 전해주고 싶은 말은 세상은 1년 단위로 급속도로 변하고 있고 우리의 몸도 언제까지고 젊을 수가 없는데, 평생 과중한 노동으로 돈을 벌 수만은 없지 않은가. 적게 일하고 많은 돈을 벌어야 오랫동안 좋아하는 일을 할 수 있다는 말이다.

싼 가격으로 많은 인원을 받아서 적은 이윤을 남기는 거야 자유지만, 그만큼 같은 서비스의 질을 제공해 줄 수도 없을뿐더러 한 사람 한 사람에게 진심으로 최선을 다할 수 없게 된다. 오히려 나만이 할 수 있는 시그니처를 월 몇 명만 가능하게 해서 등록하게 하고, 소수의 사람들에게 최선을 다한 서비스로 만족을 안겨주는 것이 훨씬 더 똑똑한 경영이다. 샵을 운영하는 분들이나 예비 창업자분들에게 진심으로 드리고 싶은 말이다. 지름길로 가느냐, 빙글빙글 지구 한 바퀴를 돌아서 가느냐. 결국 이 또한 모든 선택은 본인이 하는 것이다.

5

슬럼프, 번아웃
겪으며 버티기

나에게도 번아웃이 올 거라고는 불과 1년 전만 해도 알지 못했다. 어디선가 이런 말을 들은 적이 있다. "슬럼프나 번아웃은 무언가를 이룬 사람에게 오는 것이라고" 지난 1년이 조금 넘는 시간 동안 경주마라고 할 정도로 앞만 보고 직진했던 탓일까, 누구에게도 말하지 못할 압박감과 초조함, 불안한 감정들이 서서히 나를 옥죄어 왔다.

정말 누가 보면 그렇게까지 해야 하나 싶을 정도로 나는 스스로를 채찍질하는 스타일이었다. 괜히 당근을 주고 잘했다고 스스로 인정하기 시작하면 나태해질 것 같은 생각에 무언가를 이루고 나서도 단 한 번도 잘했다고 스스로를 칭찬한 적이 없던 1년이었다. '이 정도로는 안 돼, 더 잘해야지.'라고 항상 스스로를 세뇌하며 살았다.

그런 모습을 옆에서 본 남편은 항상 얘기했다. "누가 안 쫓아오니까 너무 힘들게 일하지 말라고." 그때는 그 말을 하는 남편에게 내가 누굴 위해 이렇게 열심히 하는데 내 마음도 모른다며 윽박지르기만 했었다. 그리고 항상 대화는 말다툼으로 끝이 났다. 나를 위해 해주는 말들을 그 당시에 전부 무시했고, 결국 화살이 되어 나에게 돌아온 것이다.

최근에 TV 프로그램 〈금쪽 상담소〉에 가수 송민호 님이 나와서 한 이야기가 뇌리에 꽂히기도 했다. 물론 나는 그 사람이 느끼는 감정의 반의반도 안 되겠지만 무슨 이야기를 하고 싶은 것인지 너무나도 잘 알 것 같았다. 최고의 주가를 달리는 시점에 온 공황장애, 하지만 누구에게도 털어놓지 못하고 혼자서 끙끙 앓아야 했던 상황들, 누군가에게 말하면 당연히 "배부른 소리 하네"라는 말을 들을까 그냥 혼자서 삼켰다는 내용에 그걸 보고 있던 나의 눈시울도 같이 붉어졌다.

나 또한 누군가에게 영향을 주는 사람으로서 매번 더 좋은 영향을 그리고 더 생산성 있는 정보를 누구보다 빨리 전달하기 위해 노력한다. 하지만 그것이 엄청난 부담과 책임, 압박으로 다가오기 시작하면서부터 나도 모르는 사이 어두운 감정들이 나를 휘감아버린 것이었다. 사실 사람마다 느끼는 정도가 다르고 인지하는 정도가 다르므로 지금 내가 번아웃이 왔는지 모르는 경우가 다반사다.

많은 경영주를 만나고 컨설팅을 하면서 번아웃이 오는 경우를 너무나도 많이 보았다. 하지만 번아웃을 방패 삼아 자신의 나태함을 합리화시키는 경우도 많이 보았다. 어느 쪽이든 내가 현재 방전이 된 건 같기에 번아웃이 올, 그리고 온 분들을 위해 내가 이겨냈던 방법을 공유하려고 한다.

첫 번째로는 "벼락치기"다. 하루에 사람이 쓸 수 있는 에너지는 한정적이다. 그런데 초반에 이 에너지들을 폭발시켜 다 써버리는 경우가 종종 있다. 원래 사람은 처음에는 어떤 식으로든 열정과 의욕이 넘치기 때문이다. 하지만 내가 가진 에너지를 아끼지 않고 써버리면 결국 이른 시간 안에 방전이 올 수밖에 없다.

두 번째로는 "메타인지"다. 메타인지는 자기를 객관화해서 보는 것으로 제3자의 시각으로 나를 보는 것이다. 이게 안 될 경우가 제일 위험한데 내가 지금 뭔가 잘못되고 있다는 것을 인지하지 못한 채로 쌓아가다가 터지는 것이다. 사실 이런 경우가 심해지면 우울증이나 공황장애가 올 수밖에 없다. 그러니 뭔가 무기력하고 무엇을 해도 집중이 안 되고 평소와 다른 내가 보인다면 꼭 현재 내 상황을 인지해야 한다.

마지막으로는 "나와의 대화"다. 내가 번아웃이 왔을 때 가장 빨리 이겨낼 수 있었던 방법이기도 하다. 사실 비즈니스에서는 타인의 이야기를 듣는 쪽이기 때문에 나 자신과의 대화 시간은 현저히 적을 수밖에 없다. 심지어 나와 내가 눈을 맞추고 있는 시간조차 드물다. 서비스업에

237

있다 보면 당연히 고객의 입장, 고객의 생각, 고객의 이야기에 귀를 기울인다. 그렇기 때문에 더더욱 밖에서 에너지를 많이 쓰는 직업을 가진 사람은 온전히 나를 돌아보는 시간을 가지는 것이 너무나도 중요한 부분이라는 것을 느꼈다. 스스로에게 계속 질문을 던지는 것.

내가 나에게 가장 많이 했던 질문은 단 하나였다. "그래서 너 이 일 안 할 거야?" 하루에도 천 번은 넘게 나 스스로에게 질문을 던졌던 것 같다. 답은 이미 알고 있었다. 존.하.버.(존나 하면서 버티다) 하면 된다는 것을. 그렇게 몇 달을 보낸 어느 순간, 내 안에서 다시 불꽃이 일렁이기 시작했다.

책을 쓰면서 또 다른 감정들을 많이 느끼게 되었다. 모니터 너머에는 진짜 사람이 있다고 생각하고 한 자 한 자 꾹꾹 눌러썼기 때문에, 누군지는 모르지만 이 글을 읽고 있는 누군가에게 이 진심이 전달되었기를 바란다.

사실 나는 아직도 창업 3년 차밖에 되지 않은 사업 초보이기 때문에 이제 시작이라고 생각하고, 앞으로 나의 30대가 더 기대된다. 아마 이 책이 출간되었을 때쯤이면 지금보다 더 많은 발전과 성장을 해 나가고 있을 것이기 때문에 윤현아의 인생은 지금부터가 시작이다.

돈을 벌고 싶고, 돈을 벌어야겠다는 생각 하나로 시작된 모든 것. "돈돈돈"거리는 건 너무 마음에 들진 않지만, 돈을 사랑하고 돈을 귀하게 여기면 거기에 맞게 행동하게 되고 돈이 나를 찾아온다는 것을 경험하고 있다.

"행복은 돈만 있다고 되진 않는다."라는 말이 있다. 아마 많이 들어보았을 것이다. 일리 있는 말이지만 돈이 있어야 행복할 수 있는 확률이 높아지는 것 또한 팩트다. 살아가다 보니 모든 갈등은 돈에서부터 일어나더라.

사업을 시작하거나 사업을 하고 있는 모든 CEO에게 일은 취미가 아닌 돈을 벌기 위함이다. 그렇다면 더 이상 호구 같은 경영은 하지 않길 바란다. 착한 것과 바른 것은 다른 것이다. 양심 가득한 것처럼 경영하지 마라.

결국 누군가의 지갑을 열기 위해 그렇게 하고 있지 않나. 그러면서 세상에서 제일 정직하고 양심 있는 척하는 것이 진짜 위선이다. 제일 먼저 그것을 스스로 인정해야 한다. 내가 내 몸을 혹사해서 고객 입맛에 맞춰주는 경영을 하다 보면 결국 끝은 정해져 있다.

부자들은 경험을 돈을 주고 산다고 한다. 부자가 되고 싶으면 부자들이 모여 있는 곳으로 가고, 그들의 생각을 듣는 것에 돈을 투자해라. 그것들이 곧 나의 통장 잔고로 보답해 줄 것이다.

많이 벌지만 많이 일하느라 몸은 상하고 집에 오면 피곤해서 바로 뻗고, 가족들과 여유롭게 보낼 시간도 없이 지금을 흘려보낼 것인지.

적게 일하고 많이 벌면서, 시간과 돈에서 자유로워지고 주말에는 가족들에게 집중하고, 더 높은 서비스를 위해 경험하러 다니는 그런 삶을 살아갈 것인지.

선택은 이 글을 보고 있는 당신에게 달렸다. 나는 후자를 선택했고, 앞으로도 그럴 것이다. 그리고 이 책을 읽는 분들도 그럴 것이라고 믿는다. 그것이 진정 "망하고 싶어도 망할 수 없는 방법"이다.